做童年面前最合适的人

我和孩子们的“童化语文”

曹丽秋◎著

ZUO TONGNIAN MIANQIAN ZUI HESHI DE REN
WO HE HAIZIMEN DE TONGHUA YUWEN

江蘇鳳凰教育出版社
Phoenix Education Publishing, Ltd

图书在版编目（CIP）数据

做童年面前最合适的人：我和孩子们的“童化语文”/曹丽秋著. —南京：江苏凤凰教育出版社，2016. 11

ISBN 978-7-5499-6238-9

Ⅰ. ①做… Ⅱ. ①曹 Ⅲ. ①小学语文课—课堂教学—教学研究 Ⅳ. ①G623. 202

中国版本图书馆 CIP 数据核字（2016）第 320641 号

书　　名	做童年面前最合适的人——我和孩子们的“童化语文”
作　　者	曹丽秋
责任编辑	雷利军　李媛媛
出版发行	凤凰出版传媒股份有限公司 江苏凤凰教育出版社（南京市湖南路 1 号 A 楼　邮编 210009）
苏教网址	http：//www. 1088. com. cn
照　　排	北京世纪鸿文制版技术有限公司
印　　刷	三河市九洲财鑫印刷有限公司
厂　　址	河北省三河市灵山大口
开　　本	787 毫米×1092 毫米　1/16
印　　张	15. 5
字　　数	238 千字
版　　次	2017 年 3 月第 1 版　2017 年 3 月第 1 次印刷
书　　号	ISBN 978-7-5499-6238-9
定　　价	30. 00 元
网店地址	http：//jsfhjycbs. tmall. com
邮购电话	025-85406265，85400774　短信　02585420909
E - mail	jsep@vip. 163. com
盗版举报	025-83658579

·序·

美丽的秋天

江苏省常熟市石梅小学的秋秋老师让我给她即将出版的书写个序，我虽心有惶恐，但乐意为之，而且脑海里立刻蹦出五个字：美丽的秋天！不仅因为它呼应了秋秋的真名“曹丽秋”，更因为这几年我目睹了秋秋的“拔节生长”，可以说，她的人生开始步入了美丽的丰收时节。

古诗云：“春种一粒粟，秋收万颗子。”那么，秋秋是播下了怎样的种子才收获了今天的美丽的呢?

童年，是一个人人生中最初的时光，童年播下的种子将影响人的一生。小孩子玩过家家，有的喜欢扮演医生，有的喜欢扮演明星，据说，秋秋最喜欢扮演的角色就是小学老师。“长大后我就成了你”，秋秋真的如愿以偿，于 1998 年大专毕业以后，站到了小学的讲台上。

有人说“家有三升粮，不当孩子王”，秋秋却从来没有后悔自己的选择。“和孩子们相处的每一天都是甜蜜的。”她热爱学校这片净土，热爱教师这个职业，热爱纯真无瑕的孩子们。她的热爱不是作秀，她的感情是发自肺腑，从心底自然流淌出来的。从她的教学随笔、微信、微博中，我们看到的秋秋永远是那么快乐，那么和美，那么充满着诗意。喜欢着孩子们的喜欢，烦恼着孩子们的烦恼，耐心地引领着孩子们走向善良与美好，秋秋因此成为学校最受欢迎的教师和班主任之一。其实，在石梅小学，不仅有秋秋，还有毛毛、芳芳、芝芝、长路……这群老师，每一个都是那样透明而纯净。面对来自各方的诱惑，他们心无旁骛，从不三心二意，有时你甚至感到他们与世俗有点不太接轨。然而，正是这样的一群人，不忘初心，扎根在儿童的世界里，坚守着自己的职业理想和信念，不断前行，成就了千万个家庭的幸福与梦想。

如同庄稼的生长需要肥料一样，一名青年教师的成长，除了源于自身内心的渴望之外，也需要一定的营养。秋秋成长的营养来自哪里？首先是学习。与如今一些新教师的学历相比，秋秋的起点不算高，但她没有停下自己的脚步，而是不断地参加各种进修活动，五年前，已经拿到了一所名校的研究生学位。

非常荣幸，从2013年起，我受石梅小学之邀，担任读写社团的导师，其实就是和他们的教师团队一起读书。我曾多次参加他们的读书交流活动，也因此熟悉了秋秋和“秋秋”们。每月的读书沙龙和每年的读书节，他们都搞得有模有样。秋秋是组织者之一，还曾被推荐参加十大读书人物的评选。当然，教师更应当把根系深深地扎到教学工作中，从教学中汲取成长的营养。我多次听秋秋的同事们说，秋秋的课上得很不错，行云流水又不乏深度。这样的风格从何而来？从她的书稿中我寻到了痕迹，她把工作当作研究，把反思当作生活的日常。她的书稿中有很多关于教材、课型、学生的研究……这样的研究不是高屋建瓴，而是对日常工作的反思，其中不少文章都有她自己的独特思考，正是这样结合工作的实践和反思，才成就了秋秋的茁壮成长。

应当说，秋秋的成长还得益于写作。我看过秋秋写的不少文章，坦率地说，倘若用学术文体、理论建树为标准来衡量，她的文章并不算出色，但是，中小学教师的写作不同于专业的学术研究，而是一种实践性研究与反思性写作，从这个角度看，秋秋的作品很有特点。她的文笔灵动，观察细腻，感情质朴，随意中透露着生活的诗意。每每收到石梅小学的校刊《石梅苑》，我总会欣喜地翻阅，因为其中有很多我熟悉的名字，最亮眼的“卷首”有不少文章出自秋秋的手笔。

再好的种子，它的成长也离不开大地母亲的哺育。秋秋非常幸运，她这粒“种子”落在了锦绣江南常熟，落在了百年老校石梅。常熟是一片文化流淌的肥田沃土，这里有崇文重教的传统，历史上名人辈出；石梅是一所底蕴丰厚的名校，有一群对教育怀着梦想与情怀的教师在默默地耕耘。

当然，肥沃的学校文化土壤，不仅有历史与传统的因子，更有现实与时代的映照。有位西方学者说过：所谓文化，就是一群人在这里做事的方式。在与石梅小学的教师们的几年交往中，我感到，这里独特的做事的方式是顺其自然。比如，对教师的专业发展，他们不是拔苗助长、急功近利，不是追求出几个所谓的名师或“特级”，不是以奖金刺激教师去参评参赛，而是创造一种和谐的校园氛围、一种温暖的人文环境，让你遵从内心的需要而自然生长。所以，秋秋和“秋秋”们的成长，肯定不是像雨后春笋那样于一夜之间长大，让人刮目相看，而是像石梅小学校园里的银杏树，你天天盯着它，似乎看不到变化，但是它一直默默地、静静地集聚向上的力量，经年累月之后蓦然回首，发现它已经长成了郁郁葱葱的大树，而且金黄一片，果实累累。

秋秋还很年轻，于人生来说，应当还处于春天，但经历十几年的教坛耕耘，已然进入收获的时节。希望她笔耕不辍，收获更多的美丽与灿烂，同时，期待读写社团更多的老师们也步入收获的秋天。

江苏凤凰教育智库首席专家　丁昌桂

·前言·

关于“童化语文”，我的探索与思考

第一次读到“做童年面前最合适的人”这个句子，是在作家梅子涵写的一本儿童小说《特别的女生萨哈拉》里。

他写道：“当童年觉得这个世界不是他的，他气急败坏地朝着你喊‘我是个孤儿’的时候，你最好还是时时刻刻要有最合适的热情、最合适的语言，那么，你在童年面前就是最合适的人了！”

我将他的句子反复读，反复读，内心被深深触动了。“童年面前最合适的人”，这是多么动人的描述！这应该也是梅子涵老师自身对儿童世界探寻过程中的深切感受。那么我呢？我是一名小学语文老师，是和儿童朝夕相处的“重要他人”，如果我也能成为“童年面前最合适的人”，该有多好。

一、“童化语文”初建构

我开始尝试着更多地从儿童的视角去观照课堂，观照我和学生的语文生活。

一直以来，我始终把课堂作为与学生生命相遇、心灵相约的场所，作为通过与学生对话来探寻真理的地方。在我看来，课堂应该是自然的，这里有永远的耐心、永远的期待与永远的信任；课堂应该是自由的，这里有深沉的知识、温厚的师生关系与辽阔的思考空间。基于这样的认知与思考，我逐渐形成了基于“儿童立场”的课堂形态，并努力进行“童化语文”的建构。

1. 鼓励前学，让学生参与课程建构

学生自身便是鲜活的课程，他们的思考与疑惑决定了教学的起点与难点，是教师课程建构的重要依据。为此，我在每次新授课之前都会精心设计预学单，鼓励学生自主前学，提升学习力。预学单通常包括以下几个部分：生字新词我先学、课文脉络我把握、重点难点我质疑、拓展资料我推荐。通过了解学生的自学情况，我再及时调整教学预设，真正做到以学定教，尊重学生。

2. 研制内容，让教学服务于学生智慧生成

教学内容不等于文本内容，教师应站在课程的角度研制合宜的教学内容。每次教学新的年级，我都会仔细研读《义务教育小学语文课程标准(2011年版)》(以下简称“新课标”)，了解相应的年段目标，做到心中有数。之后，我会反复通读教材，并根据语文课程论中对于文本类别的定位，将它们分为定篇、例文、样本、用件四大类，大致确定教学内容。在具体的教学实施过程中，我还会依据学生预习单的反馈情况调整难点，依据文本内容或特色拓展同类阅读篇目，从而使得教学内容既是精简的，又是丰富的。这样的教学能较好地契合学生的年龄特点与学习心理特点，能让他们的学习走向深入，从而促进智慧的生成。

3. 倡导合作，让学生站到课堂中央

学生是学习的主人，他们理应站到课堂中央，在自主合作和自主探究中经历真实的学习过程，为此，我依据学生的不同特质成立学习小组，小组成员分别担任不同的角色。他们既会对预学单中的疑点进行讨论，也会在课堂上围绕重难点展开合作，并以小组展示的方式呈现他们的合作成果。他们积极主动地投入学习活动，课堂上时常会响起这样的声音：“我还有补充!”“我有不同的观点!”“听了我的想法，谁想与我交流?”充分的合作与探究，使得学生拥有了强烈的课堂归属感。

4. 拓展延学，让读写活动成就儿童精神成长

大量的阅读与自由的书写能让学生更好地认识自己、审视自己、发展自己，它们是学生精神成长的两翼，缺一不可。丰富有趣的读写活动能让学生从书本走向生活，延展学习的空间。因此，无论新接手哪个班级，我最为大力倡导的便是阅读与写作活动。我会组织学生制作每月阅读排行榜，开展好书推荐与分享会，举行读书卡片展，评比选出“阅读小达人”等。我结合课堂教学，与学生一起开发出拓展阅读内容和写作实践内容。我组织辩论赛，组织学生进行问卷调查并撰写研究报告，组织原创歌曲演唱会，组织参观采访活动，等等。

二、关于“最合适”的两大反思

然而，即便有了以上这些尝试与建构，在实施过程中，我们还是需要不断反思，以使自己不断接近“最合适”的内涵之所在。

反思一：我们是不是在说“最合适的语言”

捷克教育家夸美纽斯说过：“教师的嘴，就是一个源泉，从那里可以流淌出知识的溪流。”在很大程度上，教师是通过语言实现教学的。语言是教学的重要媒介，是师生交往的必备工具，它的重要性不言而喻，然而，我们经常会在不自觉中陷入这样的语言误区：

一是说“想当然”的话。过于高（低）估或脱离学生的实际，以课堂主导者的身份凌驾于学生之上，认为学生对于某些知识肯定懂或肯定不懂，站在教师（成人）的角度一厢情愿地实施教学。

二是说“滔滔不绝”的话。占据课堂的主体地位，将说话的机会更多地留给了自己。此外，教学中缺少语言的艺术，大量分析、讲解让重难点“淹没”在泛滥的语言中。

三是说“听不懂”的话。没能将教师的语言系统和学生的语言系统相融合，缺少转换，缺少过渡，语言表达术语化、抽象化，高于学生的理解能力与接受能力，教与学走在两条不同的路上。

反思二：我们是不是给予了“最合适的热情”

在日常教学中，我们关注更多的是如何提高教学技艺、提升教学质量，至于“热情”之类的话题似乎并不在思考的范畴。殊不知，学生的心是最敏感的，如果他们感觉不到你的关切和赏识，就会离你远远的，你的教育教学也会事倍功半。

反观现实，我们不难发现：教师往往严肃有余，慈爱欠佳。“帅严然后道尊，道尊然后民知敬学”，这本是无可厚非之理。然而，部分教师以严肃代替严厉，以“高人一等”代替“道尊”，在学生面前不苟言笑，严肃刻板，缺少对学生个体生命的尊重，缺少发自内心的对学生的守护与守望。

教师的消极态度会导致学生守序有余，能量欠佳。所谓能量，既指学生的内生力量，也指课堂的鼓励文化。如今的课堂更多追求的是井然有序、工整一致，导致教师对学生自主性的激发、对课堂积极能量的点燃还不够。学生普遍长于笔头而疏于口头，乐于听从而囿于创新，习惯消极应对而缺少积极主动，导致学生没能站在课堂中央。

那么，到底什么才是最合适的语言、最合适的热情呢？站在“儿童本位”的立场，站在全世界的课堂都在由“教授的场所”转换为“学习的场所”的背景下，无论是语言还是情感，都应该具有如下指向：

一是指向学生的主动发展。让教育着眼于对学生潜能的唤醒和提升，积极倡导以弘扬人的主体性、能动性、独立性为宗旨的自主学习。

二是指向学生的长远发展。直面瞬息万变的社会现实，直面社会变迁时期对于人才需求的新挑战，积极发展学生的创造性思维、批判性思维，提高学生的沟通能力及终身学习的能力。

三是指向学生的全面发展。教育要观照学生整体人格的健全发展，要从知、情、意等多个方面促进学生全方位成长。

三、关于“最合适”的实践探寻

探寻一：如何说出“最合适的语言”

我一直记得我校特级教师王美卿老师举过的例子，她说，在苏教版一年级下册《骑牛比赛》一课中有个词是“公牛”，多数老师在教学时通常都不会对这个词特别关注，认为它实在是太简单了。然而，王老师对学生是否知道这个词语的含义进行了调查，结果显示：学生对此要么茫然地摇头，说不清含义；要么就用书本中的相关句子“公牛疯狂地上下蹦跳”来回答，完全文不对题。可见，教师要想真正靠近学生，说出“最合适的语言”，首先要了解学生的能力和认知水平，然后才能找到一条让学生接受的最好路径。

一是抓住学生的最近发展区。我们都知道，把握好最近发展区有利于学生的发展。如何确定这个最近发展区呢？在实践中发现，设置预学单不失为一条有效路径。有了预学单，教师就能清晰地了解学情，并在与教学目标的对照中准确定位最近发展区，实施有的放矢的教学。在这样的教学中，语言便有了合适的区间和范畴，也便会更趋向“合适”。

二是更多地让学生说话。蒙台梭利说过：“儿童的不同特点需要一种不同的环境以及适合于另一种生存方式的生活手段。”在这个“不同的环境”里，学生一定是主角。作为成人的教师要做的是为学生提供品质更高的学习环境，给予学生学习与表达的空间，要“借助于个人的存在将个体带入全体之中”。这样，即便教师的语言很简短，仅用于组织、评价与鼓励，其作用却远甚于教师以偏概全的喋喋不休。因为，教师语言的“退让”才能成全学生语言与思维的“前进”，这便是有价值的“最合适的语言”。

三是说学生听得懂的话。在学习的过程中，教师的教是不可或缺的，是帮助学生跨越最近发展区的凭借。然而，我们要记住的是，教师施教时“最合适的语言”必须是学生听得懂的话。只有学生听懂了，教与学才有了合力，教学才是有效的、合适的。

探寻二：如何给予“最合适的热情”

发自内心的热情和爱体现在与学生的相处之中。拥有热情，才能积蓄力量，做出更积极的行为。因此，教师首先要有热情，其次要思考如何将“最合适的热情”赋予学生，或者如何激发学生的热情。

一是让课堂充满欢乐。童年生活应该是欢乐的，这是儿童基本的生存权利。儿童又是向往欢乐的，只有充满了笑声、对话、民主、自由的课堂才是他们真正喜欢的，也是能让他们热情洋溢的。因此，我们要给予学生张弛有度的空间、收放自如的空间、温润温暖的空间。在这种空间里，学生才能拥有内心的安全感、思维的紧张感、分享的幸福感。

二是让学生充满自信。真正相信学生，给予他们自我学习的机会、展示交流的机会、出错纠错的机会，并不断培养其自信心，这是教师教育教学的重要内容，也是教师应该赋予学生的热情。这些热情既应该有一个微笑、一个点头、一次首肯、一些表扬，又应该有教师教育教学的具体举措，让学生在反复实践中积累经验、形成自信。

四、理解教材局限，真诚保卫童心

中国的儿童文学中有儿童本位理论，这是周作人首先提出的。教材是学生接触得最多的图书种类，无疑也应该突出儿童本位。因为它面向的是儿童，指向的是儿童的生活与成长，因此应该是基于儿童、为了儿童的。然而，在实际使用过程中我发觉，教材中的文章并非全都具有示范的功能，也并非全都弥散出生动活泼的气息，它们时常是良莠不齐的：知名的，不知名的；有趣的，无趣的；有意义的，无意义的……因此，面对语文教材中存在的这种局限，对教材进行辨析、选择、重组及补充，便成了语文教学的重要内容。

事实也证明，儿童的阅读是天然带有某种倾向的。比如，在学到那些教条主义色彩较浓的课文时，学生通常是冷静地读着，安静地“看”着，像是一个旁观者——缺乏基于时代背景与历史现场感的学生无论如何也是无法感同身受的，当他们必须要面对这样的课文时，他们成了“被压迫”的群体。而在学习像《海伦·凯勒》这样充满生命关怀的成长故事时，学生便开始侃侃而谈：有的介绍她的坎坷经历，有的讲述她的辉煌成就，有的声情并茂地读起了《假如给我三天光明》中的片段。学生娓娓道来，读的是海伦，展示的是自己，这是多么有意义的学习！这种学习才是真正关注着学生生命成长的学习。

周作人于《儿童的书》一文中说得通透：“我觉得最有趣的是那无意思之意思的作品。……因它那非教训的无意思，空灵的幻想与快活的嬉笑，比那些老成的文字更与儿童的世界接近了。”① 那“无意思之意思”的作品一定像是连通儿童心灵的密码，让他们欣欣然闯入，而陶陶然乐在其中了。

---

① 周作人．儿童文学小论：中国新文学的源流［M］．北京：北京十月文艺出版社，2011.

当然，我们必须要相信，我们的教材会越来越臻于完美。而在它不断完善的过程中，作为一名语文教师，我们应在一种相对的局限中，优化解读与实施方式，坚守儿童立场，真诚保卫童心。

五、一起做“童年面前最合适的人”

一路走来，我的思考既不成体系，更谈不上高深，甚至很多都是大家已经想到的，或早已在做的。然而，当我开始努力找寻“最合适的语言”，努力给予“最合适的热情”，努力研究“最合适的内容”，努力还原“最合适的方式”后，我和学生的语文生活开始出现改变。

如果要给这样的“语文”加上一个定语的话，我想那就是“童化”了。我希望我们的语文能穿上儿童式的外衣，能拥有童话般的色彩，能贴近儿童的心灵，能耐心守护每个孩子的完整童年。

此外，当我想到，这种“改变”，这样的“童化语文”只属于我和我的孩子们的时候；当我想到，或许有人愿意打开这本书，进而愿意反观自己和学生的相处之道的时候，我终于知道了自己不懈探求的意义——不是为了与众不同，也不规避某种程度的重复他人，只要是合乎教育常识的，只要是对学生好的，就是每位教师应该做到的。

从这个角度来说，做一个“童年面前最合适的人”，大概是我们共同的心愿吧。

曹丽秋

2016 年 6 月于郁文楼

·推荐语·

秋秋“命令”我在极短的时间内读完她的书稿，然后眨着孩子般的眼睛询问：“怎么样?”我知道，她又开始运用她娴熟的“打探手法”来获取某些最直接、最真实的，甚至是“致命”的信息了。是的，她总是不会放过所有关乎“教育”“儿童”的蛛丝马迹。

我并没有立刻接过她的眼神，只是在心里说出了两个词语。

第一个词，是“呼吸”，拉成短语就是“教育生命的呼吸”。之所以未敢声张，是我仿佛冷不丁遭遇了一个让人兴奋不已的“教育大事件”，最要命的是我真的从这个“教育大事件”的字里行间感受到了来自教育的某种呼吸，时而清甜，童心、童趣，裹挟着儿童特有的湿润润的感觉；时而深稳、起伏，甚至有转折、缓冲、升腾的感觉……教育的动态之美，有足够的能量使读者振奋起来，让所有的相遇成为不解之缘。

第二个词，严格来说，它呈现在我大脑时已是一种状态——“黏合”，一种以物理的方式相遇，随即产生深度化学反应而呈现的无缝黏合，完满，富有再生的超能力。秋秋和儿童的相遇，无论是随机还是随缘，双方都是幸运的。最初，这样的幸运，来自于她内心对儿童的所有尊重和无处不在的珍视感，由此产生的儿童本位理念与立场，都使他们心灵相契，与“童化”黏合，与情感黏合，与精神黏合，而这样的黏合，让我们最终看到——大地上，有活泼泼的孩童跑过，他们的脚下是沉稳的回音。

——钱静霞（石梅小学教师）

我很荣幸能有机会来写这样一段话，提笔之时恰是我们2006届学生毕业十年之际，如果不去刻意想这个数字，我仍然觉得自己还是一名小学生，甚至想得起曹老师某一天穿的是怎样的衣服、怎样的鞋子。

起初，曹老师教我们的时候看上去还是一个大女孩，在与我们的六年相处中，她在我心里的角色随时间的流逝变得更加丰富。我记得我在假山上玩闹的时候回望她立于桂花树下朝我微笑，那时候她像是我们的妈妈，她要我们玩得开心也要我们平平安安；我记得她带我们去操场上赏雪、打雪仗，回到教室再一起写关于雪的文章，我觉得她是我们的文友；我记得她和我谈心的时候，夕阳落在她脸上的样子，她又像是我们的姐姐；我也记得课堂上她给我们上课的样子，细细想来，其实她是那个最适合教导我们的老师。

我看过一句话：“好的教育就是让学生感觉不到在受教育。”我对此深以为然，这种感触也在我自己支教的过程中得到越来越深的印证。我感恩曹老师帮助我养成了良好的读书爱好和摘抄习惯，以及对文字、语言、书法等极大的兴趣。我用她曾经引导我的方式去帮助我遇到的孩子们，那一刻，我觉得我在温习，也在收获。我想我应该补充一下：一种好的教育不只在于润物细无声，更在于将知识、方法和精神传承下去。无疑，曹老师做到了。

我爱她充满活力的身影，更爱她眼角的皱纹，但假如有人问起我对曹老师的印象，那依旧是一个仰视的角度，并且永远都不会变。

——丁绮雯（石梅小学 2006 届学生）

我的曹老师，印象中最深的是她的笑容，温柔的，清甜的，很像三月里穿过花丛的风，就这样柔柔地拂过我们的心中。那些桂花树下的讲学，香樟木旁的吟诵，蓝天下的嬉闹，雪地里的关怀，也许是不经意的，却如此刻骨铭心，成为我们一生珍藏的美好念想。

我的曹老师，我敬仰的老师，也是我亲爱的朋友，或许更像我童年的“守梦人”。她带给我的是精灵童话般的美好，是古老寓言般的睿智，是真实，是博爱。正是她的这份爱，让我们心怀感恩和悲悯，快乐和希望，这样一路走了下去……

小学毕业至今已有十年了，我与曹老师仍然时有联系。近日我听说曹老师要出书，又收到了“约稿”，真是受宠若惊！

曹老师总是以鼓励为主，记得那时，每当交上去的日记本被批阅后，我们总会充满期待地翻开本子，迫不及待要发现新的圈圈点点——类似于“心里比喝了一碗蜜还甜”的句子一定是免不了“中彩”的，以及能让我们会心一笑的评语。

我一直都记得，在初春时节，我们围在老师身旁，一起观察新芽初露时的惊喜；在“千树万树梨花开”的时节，老师带领我们赏雪玩雪时的兴奋；在桂花树下我们捧着书，一同咀嚼花香和书香时的静谧。

我很确定，那发现新绿的喜，那感受落雪的乐，那金桂银桂的香，一定比“一碗蜜”都甜。

——唐子烨（石梅小学 2006 届学生）

还记得那个令人惆怅的秋天，曹老师领着我们去桂花亭赏花。扑鼻的桂花香萦绕着古色古香的亭子，那么馥郁沁人。花都是开了的，缀满了枝头。曹老师孩子气地摇起了桂花树。但那树已有上百岁了，自是根深蒂固，任凭老师怎么摇，也没落下一星半点桂花，但她也不恼，望着枝上满满的花，脸上挂着率性的笑。玩累了，大家席地而坐，听着曹老师为我们朗诵诗歌。她的声音很特别，又柔又清，却不失深沉的感情，带着秋天般的淡淡哀愁，拂过心里，却是暖暖的。我望着她，骤然发现曹老师在花下专注的样子是那么恬静美好，心里油然生出许多敬意与惊叹。也许这就是曹老师最令我喜爱的地方。

——陈颖（石梅小学 2012 届学生）

小小的身影
使你融洽与我们相处
暖心的微笑
传递无数欢乐与幸福
嘀嘀嗒嗒

把握住分分秒秒
修修改改
只为精益求精
嘻嘻哈哈
播种下快乐的果实
你的目光好似春风
拂过每个人的脸庞
你的话语如同阳光
洒入校园的每个角落
目光的留驻
话语的魔力
激起我们的坚持与勇气
永远的约定
架起我们努力的桥梁
撑一支竹篙
你把欢乐与理想
送往远方

——徐宗琦（石梅小学2016届学生）

目 录

第一章

儿童立场下的教材解读

第二章

让儿童站在课堂中央

第三章

和童年一起奔跑

第一章

儿童立场下的教材解读

第一节　关于小学语文教材的回望与反思

相　册

翻开泛黄的相册——
时光，
在相册中寄存；
岁月，
在指缝间游走。
似曾相识，
又不知去向。

学生：朱吕旸

晚清到当代小学语文教材之演变

2016年2月，“维新版”语文教材即将面世的消息引起了教育界的广泛关注。这套为海外华人子女编著的《维新小学语文》教材的编写过程历时三年，参与编制者有百余人，包括语文学科教育专家、国学教育专家、全国各地中高级教研员、西方人格教育研究学者等。教材按六年学制编写，全套共十二册，每册教材有六至七个单元，具体为国学、人文主题、诗词基础、华文文法、现当代文学、中国历史和写作。

题组执行主任张健解释道，教材命名来源于《诗经·大雅》中的“周虽旧邦，其命维新”，意在通过创新，打破现有的教学目标和模式，使其成为对现行小学语文教材进行彻底改版的版本之一。这套教材虽专为海外华人子女编写，但也会在国内试用，其效果如何有待出版后再做定论。

此套教材的编写参考了新中国成立之初的语文教材、民国时期的教材以及台湾现行的语文教材，插图也颇具丰子恺画作简明雅拙的风格，应是追本溯源，对语文教材进行反思后的一次重新定位。而事实上，中国的小学语文教材经历了一段漫长的演进之路，非常值得我们研究与反思。

我国的语文教材演进历史源远流长。据《中国近代教育大事记》记载：“是年（指1871年）5月10日—5月24日，在华基督教徒在上海举行第一次传教士大会，会上由狄考文、林乐知等人发起成立基督教学校教科书编纂委员会，曾先后编辑算学、泰西历史、地理、宗教、伦理等教科书，如《教会三字经》《耶稣事略五字经》《福音识字课本》《旧约识字课本》等，除供教会学校应用外，还赠送给各地传教区私塾应用。中国‘教科书’之名即自此始。”受时风影响，教科书（或教材）的编写相继问世，并始终存在着更新和完善的问题，其内容的选择和体例的编排也随着时代的变化而不断发生着变化，如下表所示。

编写/使用时间	典型教材	内容或特点
1897年	《蒙学课本》	①内容包括修身、格物致知、体育卫生等，大致以日用常识为主；②文字通俗易懂，仍用文言体；③注意了语言文字的一般教学规律。
1904至1906年	《最新国文教科书》	①以识字为主，简易字在前，繁难字在后，选取言文一致的字；②内容上，切近儿童生活的编在前，离儿童生活远的编在后；③在阅读上有个大体安排，识了字再读句子，读了句子再读篇章；④全书各课皆附有精致图画，并与课文配合，以引起儿童的兴趣。
1920至1927年	《新学制国语教科书》《共和国教科书》	①用白话文编写；②增强了语文的文学性和趣味性，以儿童文学为主，激发儿童的想象，唤起儿童的兴趣；③受五四运动的影响，增加了有关反帝反封建、热爱祖国的内容。

（续表）

编写/使用时间	典型教材	内容或特点
1927至1937年	《开明国语课本》（国民政府国语课本）	①分为“小学初级学生用”和“小学高级学生用”；②突出了“儿童本位”，有浓厚的儿童文学色彩，图文并茂；③几篇课文形成单元，单元又互相照应，有利于学生进行读写训练。
1937至1949年	《国语常识课本》	①常识、国语配合编辑，以常识教材为主，以国语教材联络；②常识教材用图、表的形式来表现，附以简要的注释；③教材排列注意时令、环境。
1963年	《全日制十二年制学校小学语文课本》	①重视语文“双基”训练和思想教育；②按照循序渐进的原则编排了汉语拼音、识字、写字、阅读和作文五个方面的内容，重视识字与读背；③每册课本分为若干单元，每个单元后面安排一次综合练习。
1978至20世纪末	语文课本	①基本沿用1963年的做法，有明确的读写要求，注意语文知识的教学，重视课本练习；②经过修订，其选文标准、编排体系、培养能力等方面基本适应当时形势的需要。
2000年至今	语文课本	①反映“以人为本”的教育思想；②重视语言积累；③重视对学生创新和创造能力的培养；④重视对学生情意因素的培养；⑤在“一纲”之下出现了多个教材版本，如苏教版以人文话题为统领，建构了研究性学习专题的语文教材模型。

回望历史，我们不难发现，教材的变迁一路蹒跚而来，纵使期间有反复，也有极端现象，但毋庸置疑，它始终是在朝前发展的。

其一，从传统的单一文化走向现代的多元文化。

传统的经学、蒙学等教材，大都承担着传习以儒家文化为主的单一文化的任务。学生或是大量诵读、背诵古代的诗词、经文等，或是混合着学习常识和国语，即便是之后有识之士开始着手编撰儿童文学类读物，也只是矫枉过正，终究逃不脱当时所处时代文化背景的禁锢。现今，这样的现象逐渐被多元文化所取代。以语文出版社出版的7～9年级义务教育课程标准语文实验教科书为例，全套共六册，教科书的选文都注重充分反映世界文化的多样性和当代世界社会文化生活。在六册教科书中，中外名家作品占到现代文课文的25%，其中，反映当代世界社会文化生活的作品超过70%。这些作品的作者分属美国、俄罗斯、英国、德国、法国、日本、意大利、印度、巴西、黎巴嫩等十多个国家，体现了世界文化的多样性。①当然，这只是初中语文教材的情况，相比而言，小学语文教材似乎尚有不足。以苏教版五年级下册语文教材为例，文中涉及的比较知名的作者有冰心、吴伯箫、孙友田、萧红、赵丽宏、毛泽东等，选文内容也涉及古今中外，但是从整体来看，经典内容还不够丰富，只能说正在逐步走向文化的多元化。

其二，从零散的教材知识走向整合的单元专题。

从上一页的表格中可以看出，1963年以前的语文教材内容都是不够系统的，有的偏重于供学生集中识字，有的偏重于拟人体的故事类文章，有的将常识与语文并重，这些教材固然在某一方面发挥过积极的作用，但因其不成体系，并未遵循学科知识规律及学生身心发展规律，因此必然是不完善的。从1963年《全日制十二年制学校小学语文课本》开始，教材的编撰开始循序渐进，且不断向专题式的单元组块发展，呈现出一本教材八个单元（左右），每个单元一个主题的样式。所选专题内容大都贴近儿童生活，同时也符合时代特点。同样，以苏教版五年级下册语文教材为例，全书共分七个单元，主题分别为感受春天、神奇的科技、伟大的人物、名胜古迹、温情生活、重大事件、自然风物。每一单元还设有与主题相关的习作及练习、口语交际等，构成了完备的学习系统。

教育部基础教育课程教材发展中心原主任游铭钧针对教材体系编排曾提出，不能简单地将学科体系作为教材体系，编写教材不能以学科体系为中心，而应以学生认知规律为中心，将学生认知规律与学科体系的逻辑性、系统性很好地结合起来。可见，学生的认知规律及学科知识本身的规律应该是教育的核心。

我们知道，教材的是用于教学的工具或途径，是教师实施教学的凭

---

① 李良品．中国语文教材发展史［M］．重庆：重庆出版社，2006.

借，它应该具有学习指导功能，意即它不仅能让教师清楚地知道应该教什么，还知道该怎么教；它不仅能让学生学到相关的知识，还学到学习的方法。为此，我们的教材应该突破原有的单一模式，突破“课文—语文知识—练习”这种“重信息传递，轻学习指导”的组合状态，而尽可能地在学习指导、过程推进等方面进行阶梯式的呈现，使得语文教材真正实现从教本到学本的转变。

语文教材应该是什么样的

说起语文教材的特点，我们可以历数很多：工具性、人文性、系统性、实践性、艺术性、民族性、国际性……然而，除此之外，语文教材是否还需要具备其他的特点呢？如果我们更为准确地把握了语文教材的这些特点，教材建设这条路是否会走得更为敞亮与长远呢？带着这样的思考，我努力走进语文课程论的视域，并逐渐形成了如下观点。

其一，规范性与科学性，让教材变得更健康。

语文课程专家王荣生先生认为，“由中国语文教材的历史发展可知，它的变革，一直是在维持传统的大格局下进行的，基本都是‘文选型’的教科书，主要起‘范文’作用的”。意思是说，这样的教科书依据的是“取法乎上”的精神，选取典范篇章，主要供学习者讽诵、研习、模仿，因此，教材还应具有一定的规范性与科学性。

规范性与科学性是一致的。只有遵循了一定规范才是科学的，而科学的也往往是规范的。追求教材的规范性与科学性，不仅要考量教材整体结构和体系的规范，也要关注选文语言的规范。首先，选文应该具有相当程度的学术规范，要尽可能提供作者介绍、文章出处甚至写作背景等，既让读者和作者有经验的对接，也能将对文章的学习引向更宽广的领域，让学生知其然，更知其所以然。其次，从语言的角度来说，选文应该有文学的趣味。语言既是准确的，也是有光泽的，不能为了追求生字的教学或其他因素随意修改言辞表达，破坏了原有的规范与美。

然而，在实际使用过程中，我们不难发现，这些所谓的范文也并非全都具有示范的功能，往往是良莠不齐。

新生代教师代表郭初阳在《小学语文教材七人谈》一书中曾举例：苏教版教材中《晚上的“太阳”》一文，写的是爱迪生童年时帮助大夫顺利完成了妈妈的阑尾炎手术的故事，而现实中，要到爱迪生中年的时候才有世界上第一次阑尾炎手术。显然，这样的内容是违背科学性的，而违背了科学性的教材非但会抹杀其教育功能，更会误导学生走向教育的反面，这是需要警惕的。

此外，郭老师补充，美国老牌人文杂志《纽约客》有一个很庞大的队伍就是事实核查员。比如，一个记者写了一篇文章，采访了某个人，文章发表之前会有一个核查员打电话询问这个被采访者：什么时候，记者问了你什么话，这个话是不是你本人说的。我想，这种“事实核查”的做法便是对文章、对读者负责的最好诠释，也是规范性与科学性的最好的保障。如果我们的语文教材也有这样的“事实核查”，那么，其规范性与科学性是否会更好些，教材是否也能变得更健康些？

其二，教育性与教学性，让教材走得更长远。

教育性指的是教育价值，是教材的本位问题。我们知道，教材一路发展演变而来，其本位也是不断变化着的：从成人本位的实用主义阶段（1897—1921 年）发展到儿童本位的审美主义阶段（1922—1936 年），之后又到国家本位的民族主义阶段（1937—1949 年）。此后，在经历社会诸多动荡的二三十年中，教育又在很大程度上成了政治的需要。进入 21 世纪以来，教材终于再度努力趋向于儿童本位。

那么，教材的本位到底应该是什么呢？毋庸置疑，肯定是儿童本位。作为受教育者的儿童，每一个都是活生生的生命个体。教育，是要成全其成为一个更完整的儿童，而不是作为成人的附属或国家的附属。这样的观点也照应了周作人提到的要“顺应自然，助长发达，使各期儿童得保其自然之本相”的儿童本位理论。

然而，事实是怎样的呢？经过一轮又一轮的课程改革，教材设置已更多地转向学习者中心模式，这已成了无可争议的事实，但与此同时，我们也不能否认，教材中还残存着某些偏离，即生硬地赋予教材以某种教条主义色彩。

著名儿童阅读推广人周益民老师曾举例说，苏教版教材中的《小松树和大松树》一文的大概意思是这样的：山下有棵大松树，山上有棵小松树，小松树说你看我长得多高。这时风伯伯来了，对小松树说，不是你长得高，是大山把你托起来的。就这样，小松树原先的兴奋荡然无存，长高的愿望被无情地压制了。显然，如果教师完全按照编者的意图组织教学的话，在一定程度上是有悖于儿童本位这一价值观的，长此以往，必然会扼制学生的天性，阻碍他们的健康成长。

当然，对"教材应该是什么样的"这个话题的讨论是无穷无尽的。但作为一名普通的语文教师，每天都要面对教材，如若我们的思考只是停留在追问的层面，无疑会显得浅薄而苍白。为此，哪怕深知教材改革困难重重，哪怕深知自己的力量微不足道，我还是愿意进行一番尝试。

关于苏教版教材的一点思考

我教学所使用的一直是苏教版教材。在对这套教材充满深情的同时，我也时常提醒自己要用更理性的目光去审视它。

经教育部核准，江苏教育出版社（现改名为"江苏凤凰教育出版社"）于 2001 年初启动了与课标配套的义务教育小学语文实验教科书的编写工作。教材编写遵循着这样的指导思想：①突出学科个性，即"语文姓语""小语姓小"，强调素质教育；②遵循基本规律，强化根本手段，即凭借一篇篇课文，引导学生熟读精思，感受领悟，背诵积累，借鉴迁移，提倡"以读为本，以讲助读，以说、写、演、练促读"的教学思路；③力求简化头绪，保证便教利学，即将教学内容、教学要求、训练手段，一目了然地展示给师生，便于操作，减轻负担，提高效率。

总体来说，整套教材体现了如下一些特色：①简，即内容简约，篇幅简短，每课教学时间均在 2～3 课时；练习简便，课后练习基本为 4 道小题，分别指向朗读（或背诵）、生字书写、词语积累、内容理解，单元练习基本包括读读背背、写字、口语交际等栏目。因为简单，所以知识点也比较集中，便于学习，在一定程度上减轻了师生的负担。②实，即注重培养学生的语文基础能力，强调读好书、写好字、养成良好的学习习惯等，意在奠定学生一生发展的基础。③美，首先，教材高度重视绘图和装帧设计，力求让尺幅之地尽显美育价值；其次，注意凸显文章内容的思想美和情感美、文章形态的格式美和韵律美等，陶冶学生的审美情趣。

然而，事物总是存在着两面性，不得不承认，该套教材也存在着诸多不足。比如，为了体现“简”，导致很多长文被无情缩短，很多美文无法入选，课时的限制也成了一种桎梏。而课后练习及单元练习的“简”则在一定程度上窄化了语文学习的面，尤其是程序性知识、策略性知识被大大地忽视了，这导致师生反复在内容及理解层面纠结，高耗而低效。再如，为了突出“实”，教材中设计有大量的生字，尤其是在低年级，生字格外集中，导致学生在学习过程中容易产生一定的畏难情绪。此外，中高年级教材中还有毛笔字的练习，就实际实施情况来看，教师并不具备这样的能力，课时也不能很好地得到保证，所以这通常只是摆设。又如，教材插图也有一些问题，有时编者在注重画面美感的同时，竟忽视了其真正的价值，出现了或是图文貌合神离，或是传递错误信息，或是与教材本意背道而弛的现象。以苏教版五年级上册《艾滋病小斗士》一课的插图为例。

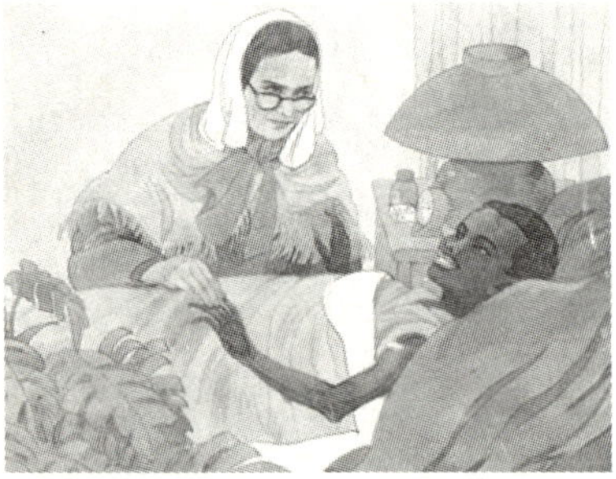

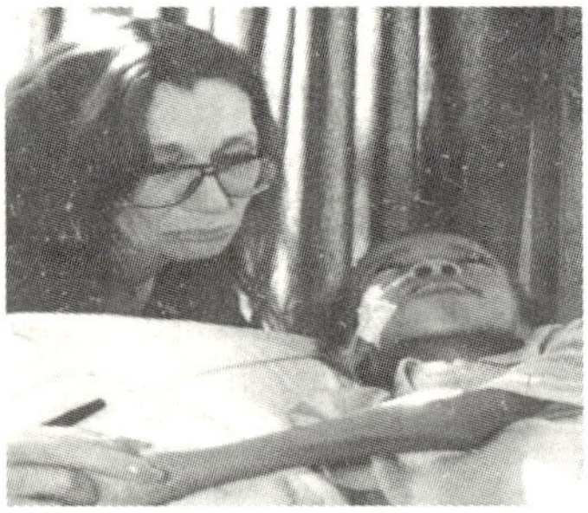

上面两幅图中，左面一幅为教材中的插图，我们可以看到图中人物表

情平静，尤其是恩科西（躺在床上的孩子），还面带笑意，完全没有体现出生死离别时刻的那种悲怆与绝望。右面的图片则来源于网络报道的原图，画面的色调、人物的情绪无不令人动容。

而且，苏教版语文教材没有“单元导语”，没有操作性更强的训练体系，没有确定的“教学内容”，没有辅助学生学习建构阅读图式的指导过程等，因此，还需要不断改进与完善。

守护最初的美好

作为教育者，当我们思及教育教学的时候，必然绕不开“教材”这个话题。诚如布鲁纳所言，学习，最好的动机来自对学习材料的兴趣。一切和教材有关的问题，都与质量有关、与学生有关，也都与未来有关。

那么，教材建设的依据到底在何处呢？它的本位是什么呢？

我以为，作为学生广泛接触的图书种类之一，教材的编写要符合学生的生活实际、心理特征、能力水平，要从活生生的个体出发，去顺应学生固有的、应有的天性，促成学生的全面发展，也就是说，它必须是儿童本位的，应是儿童的书。

“儿童的书”一说来自周作人的同名文章，他说：“我觉得最有趣的是那无意思之意思的作品。……因它那非教训的无意思，空灵的幻想与快活的嬉笑，比那些老成的文字更与儿童的世界接近了。我说无意思之意思，因为这无意思原自有它的作用，儿童空想正旺盛的时候，能够得到他们的要求，让他们愉快地活动，这便是最大的实益。”

能说出这番话的周作人先生该是多么懂得孩子的心哪！他对于孩子的意趣追求那般理解且尊重着。那“无意思之意思”的作品就像是通向儿童心灵的密码，让他们欣欣然闯入，陶陶然沉浸其中。这样的作品可能是一首天真烂漫的小诗，也可能是一个情真意切的故事。它们能给予儿童想象的空间，能引起儿童的共鸣，能在看似“无意思”间埋入“有意思”的种子，让儿童的心灵受到长久的润泽。

然而，回顾语文教材的演变，我们不难发现，教材所遵循的本位也是不断变化着的。有强调各种实用知识的成人本位，即“迫他（学生）入狭义的职业，使他将来变成一个会吃饭的机器”（周予同语）；有强调儿童体验和活动的儿童本位，旨在促进儿童的生长；也有强调民族主义思想教育的国家本位，儿童被视为各种成人集体中的一员。于是，在这些理论指引下的教材内容与体例安排也一直在不停地改变，与儿童发生着若即若离的联系。

反观今日，不难发现，将学生的认知规律与学科体系的逻辑性、系统性很好地结合起来已经成了当代教材编写的核心所在。

的确如此，当一门学科理论知识即将编成教材而试图让更多的学生去领悟、去体会时，必然要引起学生的认知能力、情感水平等的提高，要通过教学实践找到一个适切的结合点。如果仅靠一种简单的、“自上而下”的、“自以为是”的方式去编写、去实施显然是不科学的，也是不人文的。

由此可见，在一百多年潺潺不息的岁月长河中，关于教材建设的理念，纵使经历过很多的波动，或混沌，或模糊，或偏执，却终究还是在努力朝前发展，努力朝向无限靠近儿童的方向发展，颇有一种动人的执着。

回归现实，作为教材使用者的学生对此又有怎样的切身感受呢？上学期期末，我在班里组织了一次调查，让学生写出教材中自己最喜欢的几篇课文，并说明理由。有意思的是，学生提到的课文虽然也有交叉重叠的，但大抵还是五花八门，各不相同。他们有的被精彩的内容吸引，有的被优美的语言文字打动，有的只因为文中的一个有趣的比喻，有的则因为题目的与众不同，更多的是被文章所蕴含的真情或哲理所震撼，用班里学生徐易立的话来说就是“可以带我们去向思维的深处”。

很多学生都提到了《海伦·凯勒》这篇课文。文章记叙了一个无助的小女孩海伦在莎利文老师的帮助下逐渐成长，直至成才的故事，阐释了海伦不屈不挠的精神。文章用细腻的笔触串联起一个又一个感人的画面：失明失聪的痛苦、初次识“水”的雀跃、勤奋练习的艰辛、开口说话的激动……其中，文章有一段文字描写的是海伦在想象中所感受到的世界：

"我常常感觉到一阵微风吹过，花瓣散落在我身上。于是我把落日想象为一座很大很大的玫瑰园，园中的花瓣从空中纷纷扬扬地落下来……"

如此美妙的文字呀，就这样紧紧地攫取了我们所有人的眼睛。我忍不住问学生："如果说课文的前半部分让我们觉得有点灰暗，有点难受，那么，现在，读完这些文字，你感受到了什么？"学生纷纷说道："我觉得这些文字很美，似乎充满了活力！""我觉得这些文字中充满了海伦对生活的幻想，对生活的希望！""这些文字似乎都透着阳光，透着生命的色彩！""我终于知道了，坚强可以创造奇迹！"学生想象着海伦的想象，幸福着海伦的幸福，沉醉在了这样美妙的字句里，而作品想要传达的主旨也自然而然地沉淀在了他们的心底。

类似这样的课文还有很多，经过一轮又一轮的课程改革，教材设置已更多地转向学习者中心模式，这成了无可争议的事实，也在潜移默化中切实地提升着学生的语文素养。与此同时，我们也不能否认，教材中还残存着某些意向偏离和某种教条主义色彩。如果教师完全按照编者意图组织教学的话，在一定程度上是有悖于"儿童本位"这一价值观的，长此以往，必然会扼制学生的天性，阻碍他们的健康成长。那么，面对这类文章，我们应该怎么办呢？我想，教师在客观审视教材的同时，不仅要做一名批判者，更应该做一名建构者。

就以《小松树和大松树》一课的教学为例吧。在学生大致理解了课文内容之后，我设置了这样一个环节："小朋友们，你看，听了风伯伯的话，小松树有点伤心啦！你们能安慰一下它吗？"孩子们总是善良的，他们真心诚意地劝慰："小松树，你别伤心，总有一天，你也会长得很高很高的！""是呀，小松树，虽然你现在长得不高，但是你站在山上还能看到美丽的风景，多开心哪！""小松树，你就和我们一起慢慢长大吧！"听到他们真诚的语言，我真的被深深地感动了。

我终于知道，教材建设不仅仅意味着教材内容、教材体例的不断完善，也意味着教师的教材观、教学观的不断完善。如果教材是被删改了的，那么教师可以找来原文让学生细细比对；如果教材是不够真实的，那么教师可以找一些依据让学生学会批判；如果教材是过于单薄、呆板的，那么教师可以推荐更多的美文让学生拓宽视野；如果教材的编排是零碎的，那么教师可以重新调整，让学生更好地形成知识模块。的确，教材中课文的质量总会参差不齐，学生也总是性情迥异，我们永远找不到唯一正确的方式。我们能做的，就是真正地站在学生的一边，让教学无限趋近于儿童化，趋近于每一个学生的心灵。正如钟启泉教授所言："我们要在适当的时候，在适当的地方，对适当的人做出适当的行为。"这一连串的"适当"突出的正是此时、此地、此人、此感，是以"生命在场"的理念来看待教材、看待学生、看待课堂的行为，这在美学与现象学领域中被视为教学的本质。既为本质，那么沿着它走，我们收获的才会是真正的教育。

想起惠特曼的那首小诗了。

有一个孩子
向最初的地方走去
那最初的
便成了孩子生命的一部分
……

儿童成长的每一天从来都不是孤立存在的，每一天都将是他们完整生命的一个部分；而这每一天成长的方式，也必将关乎他们一生的生存方式。让我们怀着爱与理解，用更柔软的心为他们精心选文，让教材真正成为"儿童的书"；用更智慧的行为带他们触摸教材，让学习真正成为"有意思的事"，只有这样，那些"最初的"，才会是最美好的吧？

第二节　小学语文教材的“童化”解构

做一片美的叶子

我发现，
枝头的每一片叶子都不相同。
你看：
有的大，
有的小，
有的嫩绿，
有的枯黄。

学生：陆语涵

柳暗花明处，风光正好

对于“什么是一堂好课”的追问，我们通常各执一词。课程专家王荣生教授却明确指出：“合宜的教学内容是好课的底线。”他认为，“教学方法受制于教学内容，‘怎么教’是服务于‘教什么’的”。[1] 这样的观点似乎有悖于我们的教学常态。

常态一：唯本——教教材中所有的内容。对于大部分教师而言，教材便是教学内容的全部。在既定的教材面前，教师习惯考虑的是怎么教，怎样将教材中所蕴含的一切可教学因素，大到内容理解、情感熏陶，小到字

① 王荣生．听王荣生教授评课［M］．上海：华东师范大学出版社，2007.

词书写、标点使用，无一疏漏地传授给学生，导致教学内容走向了泛化。

常态二：唯我——教教师喜欢的内容。由于现有的语文教材很少明确规定具体的教学内容，加之部分教师对新课标中关于“课程资源开发”的片面理解，从而出现了又一极端现象：教师逐渐忽略教材，甚至将教材无情“抛弃”，以个人的价值判断创生出“合宜”的内容，并将它在课堂上传播给学生。在这里，教学内容走向了异化。

常态三：唯他——教教参规定的内容。在著名特级教师于漪看来，编教参是不得已而为之，旨在保证教学质量的底线。可是，在实际教学中，一些教师却视教参为宝典，阅读教参甚至先行于阅读教材，无视学生的需要，缺乏独到的见解，不加选择地照搬教参中的目标要求、教学建议等，使教学内容走向了僵化。

正是类似的“常态”导致了语文教学的低效，并使之长久以来一直处在被批判、被质疑的风口浪尖，究其原因，应该是多方面的。比如，语文课程目标的导向不清，语文课程内容的研究机制滞后，语文教材内容的随意性过大，教学反思的不足等。然而，就我个人的教学经验与对同行的教学观察来看，归根结底，语文课程理论的缺失、语文教材研究中若干术语的混淆等，都直接窄化了教师的专业视野，使得语文教学在起始处（即教学内容的选择）便偏离了方向。

于是，我开始尝试走进各方课程专家的视域，努力明晰语文课程的要义，以“课程自觉”的姿态靠近语文，最终建立了如下概念。

其一，课程内容≠教材内容。课程内容一般在课程论研究中被称为“课程要素”，指特定形态的课程中学生需学习的事实、概念、原理、技能、策略、态度。教材内容是指为了有效地传递、显现课程内容诸要素而组织的文字与非文字材料。从概念上看，我们不难发现二者的关系，即课程内容要通过教材内容得以实现，相应地，教材内容也必须能反映课程内容。

其二，教材内容≠教学内容。教学内容便是前文所说的“教什么”，主要是指教师为达到教学目标而在教学实践中呈现的种种材料与信息。需要强调的是，这“种种材料与信息”既包括对教材内容的沿用，也包括对教材内容的重构——处理、加工、改编乃至增删、更换。由此可见，教材内容不是也不该是教学内容的全部，按钟启泉教授的观点来说，便是“教材是教学内容的重要成分，但它不过是一种成分”。[①] 总之，如果说教材内容是既定的，那么教学内容则存在更多的灵活性，它蕴含着“教师即课程”“基于学生”“用教材教”等理念，带有创造的性质。

综上所述，课程内容、教材内容、教学内容是相互联系而又各自独立的，只有从教材中确定合宜的教学内容，使之为课程内容服务，才能真正实现有效的教学。

那么，如何来确定教学内容呢？在《语文科课程论基础》一书中，王荣生教授提到我国的语文教材向来以“文选型”为主流，根据选文的不同性质可以将教材分为“定篇”“例文”“样本”“用件”。其中，“定篇”即平时所说的“经典”，指语文课程标准中规定的篇目，多是世界和民族文化、文学优秀作品；“例文”是作为例子用来说明“共同的法则”“共通的样式”，是为外在的关于诗文及其写读的事实、概念、原理、技能、策略、态度等服务的；“样本”可用其他资料来替换，是借以达到读和写的方法；“用件”不是去学文，而是主要使用选文里的核心内容或从事与该内容相关的语文学习活动。由此可见，确认教材的选文类型是确认教学内容的基础，也是选择教学策略的依据。

基于以上认识，我在教学实践中进行了粗浅的尝试与思考，从而感受到了教育面貌的焕然一新，感受到了课程观指导下的课堂和学生所焕发出的生命华彩。

识得庐山真面目

朱自清先生在《经典常谈》里说：“在中等以上的教育里，经典训练

① 钟启泉．现代学科教育学论析［M］．西安：陕西人民教育出版社，1993.

应该是一个必要的项目。”在我们的小学语文教材体系中，这样的“定篇”也是不少的，且通常都是一些大家的名篇。面对这样的教材，我们应该通过各种方式靠近教材，去熟知、去了解、去欣赏。说通俗点，语文教材中的“定篇”就是我们常说的“经典”。在“定篇”中，选文便是教学内容，旨在“识得庐山真面目”。

策略一：在专家的赏析中走向它

苏教版四年级上册冯骥才先生的《珍珠鸟》无疑是一篇经典之作。作者用生动而温暖的语句描绘出了一只小珍珠鸟的可爱、活泼与调皮，字里行间充满了作者对小珍珠鸟由衷的喜爱，由此也让作者生发出了“信赖，不就能创造出美好的境界吗”这样的真切感悟。文本的精妙之处不光被普通读者所认同，也被文学名家所认可。

【片段】

1. 出示图片——珍珠鸟

瞧，今天我们的课堂来了两位小客人，你认识它们吗？

仔细看看这两只珍珠鸟，你有什么感觉？

2. 认识作者——冯骥才

是啊，它们是多么可爱，所以使得著名作家及画家冯骥才先生也被深深吸引了，并写下了这篇精美的散文。

3. 聆听大家——冰心

来听听著名儿童作家冰心对这篇作品的评价吧。出示文字：这真是一篇叙事抒情的好文章。全文短小、精练、细腻而又酣畅。冯骥才的作品我读得多了，长短篇的小说和散文……但都不像这篇《珍珠鸟》这样光彩照人。

你从这段评价中听出了什么？

【思考】这样的教学导入摒弃了常用的以观察图片练习描述的方式，或是对珍珠鸟进行科学性的解释等繁复之举，而是将学生的关注点迅速引向文本本身，并努力触动其情感之弦，从而使其与作者的感受尽量趋向一致。同时，将学生更为熟悉的文化、文学等专业研究者的评价引入课堂，这样做既有利于学生从另一个角度获得对文本的感知，也传达出这类文本的学习方式，即通过各种途径，从各类权威观点出发走向文本，努力发现其“初心”。

策略二：在反复的揣摩里体悟它

《珍珠鸟》一文的语言极富特色，灵动、活泼、真诚、隽永，字里行间情感浓厚，令人动容。于是，在反复阅读后，我把这篇课文的教学要义定位在了品味语言、体悟情感和触摸情怀上。

【片段】

1. 出示句子：……俯下头来喝茶，再偏过脸瞧瞧我的反应。

读读这个句子，并想象：这只小珍珠鸟现在是什么样子？

深化：如果小珍珠鸟有表情，会露出什么表情？如果小珍珠鸟有心理，它在想什么？

2. 小结：多么传神的文字，这里面似乎有表情，有心理，更有着蓬勃的生命力，这就是“经典”的语言魅力，这更是来自作者细腻而美好的情怀！

3. 朗读：让这只可爱活泼的鸟儿在我们的朗读中展翅飞翔吧！

【思考】片段中所出示的句子出自课文的第四自然段，整个段落条理清晰地讲述了小珍珠鸟一步步与“我”亲近的过程，也对应了课后习题“说说珍珠鸟是怎样逐步‘信赖’我的”。如果我们不假思索地将教学内容与习题进行统整，将这个自然段的教学内容确定为理清脉络，复述内容的话，我们便在不自觉间导致教材与课程的疏离。因为流于浅表的内容重复会弱化教师与学生的感受性，弱化选文的自身魅力。因此，在大致理解了课文内容的基础上，只有带领学生再次回到语言本身，反复揣摩，多加回味，才能让“经典”变得可感起来。

策略三：在材料的扩充里丰富它

还是以《珍珠鸟》一文为例，本文是教材编者的删选版本，原作品中有很多句段被“善意”地删除了，显然，这是有悖于“定篇”待遇的，所以，在教学中我对材料进行了有效的补充。

【片段】

1. 引读：三个月后……我猜到，是它们有了雏儿。

“我”为什么不是直接去看，而是猜呢？

2. 还原：看看原文里作者是怎么写的吧！

出示：我猜到，是它们，有了雏儿。我呢？决不掀开叶片往里看，连添食加水时也不睁大好奇的眼去惊动它们。过不多久，忽然有一个小脑袋从叶间探出来。更小哟，雏儿！正是这个小家伙！

3. 小结：瞧，作者就连添食加水也是那么小心翼翼，生怕惊动它们，简直把它们当成了……（无比宠爱的孩子）

【思考】这样的还原或扩充在教学中还有很多处。比如，在赏析小鸟活动时继续补充原文，在学完课文后补充阅读老舍的《母鸡》《小麻雀》等。课程论中指出，凡是从各个角度、各个方面提出的有助于领会“定篇”的所有材料都是语文教材的内容。在这方面，布鲁纳当学生时的一个例子堪称典型。有一次，老师在黑板上写下了两行字：“理论是灰色的，生命的金色之树常青。”他说，整整三个星期，老师一直引领他们用古典的和浪漫的观点去想象，与探索过这两种生活方式的评论家一起探究，并阅读歌德的相关剧本。最终，他的收获是“彻底、清晰、明确地领会了这十多个字”。

有课程专家曾认为这类经典文章就是让学生知道我们有“花落知多少”，有“小桥、流水、人家”，有“世上本没有路，走的人多了，也便成了路”……在这样的课堂教学中，课程内容与教材内容产生了很大的交集，教学价值主要体现在对教材“真面目”的还原以及人类文化的传承上。因此，如何通过各种渠道去透彻地理解选文的意境、情感、价值等，便是“定篇”的教学要义所在。

引入源头活水来

著名教育家夏丏尊先生说：“课文主要是说明‘共同的法则’和‘共通的样式’的‘例子’（例文）。”从这个角度来说，我们的教材更多是用来做例子的，是为学生的语文能力与课程素养的发展提供“源头活水”的。

“用课文做例子”，其实就是将选文限定在一个特定的侧面、特定的点来组织教学，让这个“侧面”或“点”成为学习的例子。比如，我们可以用“两个黄鹂鸣翠柳，一行白鹭上青天”来教学生学习对仗；我们可以用诗歌《老师，您好！》来教学生练习诵读；我们可以将《天安门广场》中对方位的描写方法迁移到学生的写作中；我们也可以用《说勤奋》来让学生了解演讲稿的格式，掌握演讲的若干策略；等等。

策略一：品评比照，酿“文字”这坛酒

《田园诗情》是一篇语言优美的散文，作者用行云流水般的文字描摹出了荷兰地区辽远绮丽、宁静自然的风情。因此，对语言的鉴赏当是学习这篇例文的主旨。

【片段】

1. 品味宁静

师：同学们，请再次品味课文的第五、第六自然段，哪些词语勾勒出了牧场傍晚的宁静？

生：严肃沉默、偶尔、一片寂静、谁都不、也没有、默默无言、微弱的光芒……

（学生交流，教师将重点词语一一写在黑板上。）

师：如果让你用一种颜色来形容这些词语给你的感觉，你会选什么？

2. 感受热闹

师：有哲人说过：“文字是生命的酒。”不同的文字可以酿出不同的酒。再来回忆一下，在这册教材中，哪些课文中的文字营造出了全然不同的热闹、热烈的画面呢？

生：《天安门广场》《虎门销烟》……

（学生交流课文及文中相关词语，教师同样择词一一板书。）

师：辨析着，欣赏着，你感受到语言的魅力了吗？只有运用合适的词语，才能描绘出我们想要表达的画面、情感，这个过程就叫作斟词酌句。

3.“我”的宁静与热闹

师：回忆一下，什么时候你也感受过一份别样的宁静，或是特别的热闹？

（学生交流之后，开始动笔书写。）

以下为学生写的片段。

满天的星星闪烁着微弱的光，静静地躺在天的怀抱里。月，弯弯的，暗暗的。萤火虫跑前跑后，像活泼的孩子。（赵佳盈）

……随着一声吆喝：“干！”喝酒开始了。这会儿，你会听到手机声、说话声、筷子声，还有“吧唧吧唧”的吃饭声，直听得我脸色发白。“来，干！”“铃铃铃！”“喂，那个×××吧？我说一下……”“今年生意怎样？”“没事儿，他酒量大得很，绝对没问题！”“你一定可以喝，放心喝好了！”“我不喝了，不能喝了。”“来来来，快喝……”“啊，不行了！”（沈洋）

【思考】文章是用语言写成的。“每一个词都布满历史的脚印和充盈生命的呼吸”（林茶居语），所以，习得字词的正确表达是语文课程的重要内容之一。在上述片段中，学生从多个相关“例子”中品评文字，在对文字色彩和风格的不断触摸中形成认知，学习斟词酌句，最终内化为自己的语文能力。从这个意义上讲，教学内容在很多时候只是教材中的一些片段而已，只要该片段能足以说明问题。比如，就品味语言而言，结合不同的选文特点可以从多个角度作“例”，包括理解字词的准确含义、学习词语的搭配规律、感受文章的语言环境等。

策略二：归纳迁移，谋“篇章”这盘棋

学会谋篇布局显然也是语文课程领域的一个重要分支。苏教版教材中有不少结构明晰、起承有致的选文，都可以作为训练布局谋篇能力的例子。只是在进行归纳迁移时，不要一味地生硬搬套，要重视学生情感的参与，要提供某个“具体的事实”。下面以《维生素C的故事》一文为例，谈谈如何潜移默化地实现迁移。

【片段】

1. 理清脉络

随着“海上凶神”这一怪病的降临，哥伦布的心情是如何随之起伏的呢？请你边读课文边找到相应的词句，并圈画出来。

（学生交流，教师板书：十分沉重—噙泪点头—越发沉重—又惊又喜。）

2. 深入感悟

十分沉重：望着茫茫的海水，哥伦布想……

噙泪点头：船调头离开荒岛，哥伦布……（神情如何？举止如何？）

越发沉重：船离荒岛越来越近了，哥伦布心潮起伏……

又惊又喜：哥伦布惊的是什么？喜的又是什么？（同时引导学生关注标点）

（学生在每一次人物心情发生周折处停顿，在探究其产生的原因的基础上，进行角色化联想，想象哥伦布当时的心理活动、神情举止等，并在课本上写下来。）

3. 回顾小结

这个片段以人物的心情变化为线索，条理清晰，描写细腻，既让我们清晰地窥见了人物的内心，也让我们更好地感受到了人物的品质。其中，通过合理的补充，我们也知道了，心理活动既可以从直接的想法中看出，也可以从人物的言行举止、标点符号中洞见。

4. 拓展延伸

师：打开你的回忆之门，你经历的什么事也让你的心情一波三折过呢？

（学生有的说去参加鼓号队表演，有的说去公园划船……）

师：让我们一起将这种经历记录下来，重点是要将你不断变化的心理活动有序而具体地表现出来，让它成为你永恒的回忆。

【思考】这节课上，我和学生始终围绕“心情”这条主线，先是理解、分析、总结，进而迁移到自身的经历，试着进行片段作文训练。学生既在文字间游弋，又学有所得。课堂上没有随心所欲的夸夸其谈，也没有“别有用心”的思想熏陶，只是纯粹地走向语文的一隅，最终使学生自然地创生出属于自己的作品。心理学家安德森指出，一个合适的目标应该是“具体的、有弹性的、集中的、连续的”。这个合适的目标指向的就是“学什么”，一旦将教学内容锁定在篇章的构架上，课堂上的所有行为便都应该指向选文脉络，以及针对实现脉络的内容的探究，这一探究过程既是具体深入的，又是环环相扣的。

策略三：整合反刍，得“写法”这一招

读书，从来都是为了读自己，也是为了表达自己。有了字句的锤炼，有了篇章的谋划，还需要有对角度的推敲、方法的揣摩等，从而达成“提高学生的表达能力”这一重要课程目标。

【片段】

1. 回忆：最近，我们学习了《爱因斯坦和小女孩》《宋庆龄故居的樟树》和《黄河的主人》三篇课文。

2. 反刍：这几篇文章有什么共同点？又有什么不同点呢？

生：这几篇都是写人的文章，而且主人公都很了不起。

生：不同的是描写的事情不同，表现的人物性格也不太一样。

3. 总结：是的，正如同学们所说，同样是写人的这几篇文章，由于作者采取的写法不同，切入的角度不同，带给我们的感觉也就不同。《爱因斯坦和小女孩》一文重在细节的描写，读来亲切自然；《宋庆龄故居的樟树》则是以物喻人；《黄河的主人》一文从多个侧面进行烘托，使得人物形象不断丰满。所以，一如世上的路有许多条一样，写人的方法也是很多的。

（课后请学生模仿其中的某一种方法写一个人物。）

【思考】长期以来，写作阶段目标的含糊不清、写作教学内容的不断重复、写作教学策略的单一枯燥无不显示了教学在写作方面的苍白。而如果只一味寄托于学生的阅读积累，这样的习作目标达成显然是低效的。上海师范大学中文系教授郑桂华老师认为，习作教学应使学生初步具有运用文字传情达意的能力。而一个社会人应该具备的基本的文字表达能力，如遣词造句的常见技巧、谋篇布局的基本章法、传情达意的基本技能。常见文体的基本格式还是有不少共性的，可以用一些“分解动作”来完成基本练习。那么，教材中对“主题单元”的呈现无疑是很好的凭借。比如，可以在童话单元中学习“怎样虚构故事”，可以在状物单元中学习“怎样有条理地描写”等。

语文知识的内容何其多，如记叙方法、描写方法、说明方法、议论方法、修辞手法等，而作为“例文”教学的内容选择与策略探究是无法穷尽的。现在的问题是，很多教师并没有理解“例文”的作用，也不知道“例文”具体在示范什么，于是，以“篇”代“例”、以“面”盖“点”成了教学的普遍现象。

教学内容合适与否，教材使用得当与否，教学效果满意与否，都需要通过教学评价来检验，或者说是通过学生的学习结果来检验。然而，人的多样性、语文素养提升的复杂性、检测目标的模糊性等都使得教学评价走向了困境，成为课程研究领域的一大难题。

文本读解与实施的两个层面

根据蒋成瑀先生在《读解学引论》一书中的解释，读解是一门学科，一门探究文本意义以及对意义的理解与创造的学科。它包含两个层面：一个层面是具体实在的文学层面——叩问作品文本意义的生成过程；另一个层面是博大精深的哲学层面——揭示人的自我存在，探索人生的价值意义，展开对生存世界的理解。同样，在文本实施过程中，我们也需要从这两个层面进行探究，既引领学生与文本的固有意义、与作者进行对话，又引导学生从中读出自己，形成新的有价值的世界观，促进学生生命的健康成长。

层面一：对文本文学层面的读解与实施

每篇文本都不是孤立存在的，必然有其产生的历史背景、文化背景，也必然存在于一定的主题体系中，传达作者内心最深沉的呼唤。由此，要想触摸到文本最真实的意义，就必须将其进行还原或整合，从而走向那些固定的年代，走向美好的未来。

例如，《“生命桥”》是苏教版四年级下册《生命的壮歌》中的一个小故事，作者为动物小说家沈石溪。本文讲述了一群羚羊在狩猎队的追击下，老羚羊用死亡架起生命之桥，年轻羚羊秩序井然地飞跃悬崖以求生存的故事。故事的真实性和科学性的确是值得怀疑的，但当我阅读了更多沈石溪所撰写的动物小说，从一个个扣人心弦而又感人肺腑的故事中读出了作者对动物的爱之后；阅读了作者的成长经历，了解了他和动物朋友的特殊的渊源之后；阅读了当前很多动物尤其是一些珍稀动物的生存状态，明了了现实的残酷与作家的呼吁之后，便义无反顾地选择了上这一课。为了帮助学生更好地形成文本层面的融通，在教学实施过程中我对课文进行了有效的补充，取得了较好的教学效果。

出示悬崖图片。

师：看，这是怎样的悬崖？

（学生描述。）

在图片旁出示作者原文：伤心崖是戛洛山上的一座山峰，像被一把利斧从中间剖开，从山底下的流沙河抬头往上看，宛如一线天，其实隔河对峙的两座山峰相距约六米，两座山都是笔直的绝壁。

（学生齐读。）

师：你了解了什么？如果老师再告诉你，文中的斑羚能跳跃的最大距离大约是五米，你又有什么想说的？

小结：猎人们真可谓是赶尽杀绝啊！他们将斑羚逼到悬崖边，无疑就是将它们逼向了绝路，逼向了死亡啊！

【赏析】教材中的课文只简单地用了“悬崖”一词，远不足以给学生带来身临其境的感觉。当他们从原文中读到那些生动的语句，内心必然会产生一种联想——一把利斧剖出的绝壁、“一线天”隐喻的高耸……再加上我对于相关资料的补充，学生对于斑羚们是处于何种绝境的体悟便油然而生了。

接着，我继续进行教学。

想象：这时候的斑羚们理应……（慌乱不堪、胡乱蹿跳）

转折：可我们看到的一切都是那么……（沉着、秩序井然）

补充：事实上，斑羚这一个普通的生命群体又怎可能在这样的危难面前如此冷静、如此超脱啊！原文中这样写道——

出示作者原文，师读：开始，斑羚们发现自己陷入了进退维谷的绝境，一片惊慌，胡乱蹿跳。有一只老斑羚不知是老眼昏花没测准距离，还是故意要逞能，竟退后十几步一阵快速助跑奋力起跳，想跳过六米宽的山涧，结果在离对面山峰还有一米多的空中哀咩一声，像颗流星似的笔直坠落下去。好一会儿，悬崖下才传来扑通的落水声。

渲染升华：你有什么感受？是的，靠一只斑羚或几只斑羚的力量是无法逾越这一山涧的，可几分钟后，它们还是走向了悬崖，这是怎样一番景象啊？

（学生交流。）

小结：这一走，走得很沉重；这一走，走得很无奈；这一走，走向了死亡；这一走，却走得坚定！这是一次生命的抉择。

（学生齐读句子。）

【赏析】为了更加适合小学生的语言特点或符合对教材整体把握的要求，编者们往往会删除一些章节或改编一些语句，本课的节选就是如此。它直接描述了斑羚们冷静而智慧地分成两群准备试跳的画面，而经过与原文的对比，我认为原文更客观真实，更符合斑羚的心理特征，也更能为下文跳跃山涧的悲壮做铺垫。同时，原文把作者亲历如此险象的跌宕的心情淋漓尽致地表露了出来，所以，我把原文引入了课堂。当学生也随着文字的起伏心潮澎湃的时候，我相信，他们已经开始了和文本、和作者的心灵对话。

当然，文学层面的读解并非仅局限于读解作者、读解文本。只要是在尊重原文价值取向的前提下，进行一些个性化的、创新性的读解也是无可厚非甚至是可提倡的。以杜牧的《清明》为例，据传，这首七绝诗原是杜牧任池州刺史时，因城西杏花村产名酒“杏花大曲”而特意创作的，实则是一篇广告词。后人却给全诗蒙上了一层诗情，读解出这是一首行旅之人借酒浇愁的寂寞乡愁诗。这样的读解给诗句赋予了情感，赋予了生命，赋予了独具文学意味的概念，何其妙哉！

层面二：对文本哲学层面的读解与实施

罗曼·罗兰说：“从来没有人读书，只有人在书中读自己。”此话精辟至极！人都是有思想、有情感、有个性的，当我们接触到一个文本时，都是带着自己已有的精神世界理解它的。同作者一起走过那段独特的心路历程，走向更遥远的前方时，我们的头脑中必然会留下些什么，思考些什么，升华些什么，这大概就是在“读自己”吧。而此时，我们便开始了与文本哲学层面的对话。

一直深深地折服于特级教师窦桂梅精湛的教学艺术，不仅技艺巧妙与娴熟，更在于其在课堂上所传达的一种理念——“我的基本立场是，不是在教学中造就学生的思想，而是学生个人的思想从课堂学习中汲取营养，从而成长，由种子到大树，到开出花并结出属于自己的果实。教学是引导每个学生在既获得基本认同的前提下，又根据自己的个性及经历产生不同的感受，走上知识积累和精神成长的跑道，并最终建立起属于自己的丰满而充满活力的生命世界。”这或许是对哲学层面的读解和实施的最好阐释了。

以窦老师的《秋天的怀念》一课的教学片段为例。

师：今天，我们到史铁生的情感世界里去走了一趟。但是，我们不仅仅要读出作家的味道，还要读出自己的思考！这才是语文学习的真正目的！（课件出示：读出思考）

师：因此，亲爱的同学们，文章结尾的这句话（课件出示：我俩在一块儿，要好好儿活……），这个“我俩”应该变成——

生：我们！

师：每个人的人生体验不同，每个人的人生道路也不同。我想问，今天走出语文课堂，“好好儿活”这句话沉淀在你心中的思考是什么？一个词，一句话，都可以。

生：笑对人生！

生：乐观面对所有的事！

生：凡事都要包涵，酸甜苦辣就是人生！

生：无论面对怎样的困难，我们都要活出自己的味道！

师：面对曾经让你煎熬的困难，你痛苦过，请把作家送给你的“好好儿活”铭记在心。

生：我们应该把握现在的时光，珍惜自己的生命，不虚度自己美好的人生。

生：我们应该笑对人生，乐观向上，不管面对怎样的困难，都能开出属于自己的花儿，能铺开自己的人生道路。

生：每天，当我们醒来，发现自己还活着，这就是幸运，因此无论如何都要好好活！

师：泰戈尔说过这样的话——我发现一个奇迹，醒来之后发现自己还活着。你的思考和他不谋而合。

师：人生的路太长了，未来的你该怎样“好好儿活”？对此，每个人都有自己的答案，这也的确值得我们思考一辈子。亲爱的同学们，“好好儿活”，的确要活出尊严，活出自我。那么，我的思考是什么呢？愿意和同学们共勉——世界上有看得见的残疾，也有看不见的残疾，身体的缺陷我们这辈子改变不了，但可以改变的是我们的心理残疾。为此，作为一个健康人，面对未来，我们在一块，必须——

生：好好儿活！

【赏析】《秋天的怀念》是著名作家史铁生怀念母亲的一篇深情之作，每次读完我都有一种流泪的冲动，那句“好好儿活”的嘱托成了史铁生今生永远的怀念与信念。作为学生的学习材料，教学时，我们显然不能在让学生为之感动的层面戛然止步，这无疑太单薄了。窦老师的“读出思考”既教给了学生学习的方法与方向，也实实在在地将文本与学生的生活、学生的生命进行了勾连，进行了延伸。当“笑对人生”“乐观向上”等词语铿锵掷地时，学生的价值观、人生观得以全新地建构起来。

总之，阅读，绝非针对一本教科书、一本参考书而言。

阅读应该是涵盖古今中外的，阅应读该是贯通天文地理的；阅读可以风花雪月，阅读可以正襟危坐；阅读是一种丰盈，阅读是一种感染，阅读是一种力量，阅读是一粒种子。

当我们将作者、文本和课堂置于通过广泛阅读而积淀成的大文化背景中时，我们的课堂便拥有了深度与厚度；当我们将学生引领向广泛阅读这个辽阔天空时，所谓的“文本读解”与“哲学读解”也必会自然融合，成为对学生进行的一次次无痕的灵魂洗礼！

打开教材这扇窗

前两天翻阅《读者》杂志，我读到了著名作家龙应台的一篇文章，大致讲的是西方人如何学历史（当然，他们学习历史肯定不是死记硬背的）。对此，龙应台在大学任教时向一些外国学生询问了解，结果，那些学生兴致盎然地告诉她，他们的学习方式多种多样，他们会围绕着一个主题，去查找当时具有影响力的演讲词，查找当时的地图路线，会对当时的事态发展进行模拟研究，会对人物的做法进行大胆剖析。一个令人惊讶的事实是，他们探寻的内容大大超出了教材文本的呈现，他们甚至几乎不用教材！

其实，类似的教材处理方式我也曾亲眼看到并深受震撼。

我曾去上海参加了一场教学研讨活动，其中，有一位执教老师来自台湾，他执教的课是《卖火柴的小女孩》。

在我们的期待中，这位教师开始了他的课堂教学。

“孩子们，对于这篇课文你们有什么问题?”没有花哨的开场白，教师直截了当地发问。在学生七嘴八舌地提出了若干问题之后，教师微微一笑，和学生欣赏起了电影片段。电影播放的时间真长啊——近 20 分钟，而教师就安静地坐在角落，和学生一起投入地欣赏。接着，教师和学生探讨起刚才的问题。有了对影片中生动的情节的认知，学生很容易便解决了那些问题。于是，教师转入第二个环节，开始和大家探讨起如何能写好文章的话题来。或许是因为大陆的学生一时无法适应这样的跳跃，不自觉地便显示出了不合拍，所以，当下课铃声响起的时候，教师还有一个环节没有来得及实施，标题赫然写着——察觉天气。不知为什么，我也和学生一样糊涂了，这到底是什么课呀？这一环一环间的联系简直就是风马牛不相及，更无法与我们常见的环环相扣、层层深入式的课堂结构相提并论。

在后续的说课环节，我们终于明白了这位教师的实施策略与良苦用心。对于《卖火柴的小女孩》这篇文章，他共分成了七个单元组织教学，而每个单元都有各自不同的教学要求与重点。这位教师并没有具体介绍各单元的内容，但就课堂上的环节设置我们便可大胆推测——或许会有对作家安徒生的成长历程研究，或许会有对西方圣诞节的节日探寻，或许会有对作品语言特点的讨论……

听着这位教师对课程的介绍，我的内心不由得涌动起感动，为这样的精心与智慧，为这样的视野宽广与多元引领！

我们不应该全盘肯定他人的做法，但这位教师对教材的拿捏是令人深思的——现实生活浩瀚无垠，学生个性迥然不同，教材岂能是全部的生活、唯一的食粮？

想来，如果把学习语文比作领略无边的风景，那么，教材便该是一扇窗。窗门紧闭，隔绝的是活生生的现实与烂漫的心灵向往；窗门敞开，精彩便纷至沓来，引领我们笑拥明天！

向青草更青处漫溯

说到文字，我们到底要和学生一起学什么？答案有千万种，这是语文学习的乐趣，却也是一种桎梏。站在有效教学的角度来说，过度宽泛必然会导致肤浅，而学习的有效度则是低下的。

在下述教学片段中，我始终围绕“环境烘托”这一教学内容，先是借助文本引出概念，接着联系生活巩固认知，之后再进一步总结，引导学生关注实践。这样层层深入的教学，就好像是在挖井，只有一点一点朝下，清冽的泉水才会汩汩流出。同样，这口“泉水”也会在学生的心底扎根，成为他们知识库里的又一种珍藏。

片段一：环境烘托（《装满昆虫的衣袋》第一自然段）

师：读读这一自然段，法布尔居住的小村子给你留下了怎样的印象？

生：这儿小溪纵横，河流很多。

生：书上写“鸟栖虫居”，说明这里的树木、鸟儿、虫子都很多。

生：我觉得小溪里一定还有很多小鱼、小虾。

生：这里还有好多的小动物，在快乐地跑来跑去。

（学生主要围绕段落中的“小溪纵横”和“鸟栖虫居”两个词展开联想，体会这个村子的生机勃勃以及野趣十足。）

师：有意思的是，整个段落作者只用了一句话来描写环境。他为什么不写写其他的景物呢？比如，天空或白云。

生：因为文中写的是法布尔对昆虫特别着迷，所以这里描写的环境也和昆虫有关。

师：说得好极了！环境描写有时就是为文中的人物、事件的展开服务的，这就叫“烘托”。比如，有一天你心情不好，你可以选择什么景物来烘托呢？

生：天上下起了雨。

生：天空灰蒙蒙的。

生：风渐渐大起来了，还有雷声。

师：嗯，很合适。那么，如果心情很好呢？

生：小鸟在枝头唱歌。

生：天空一碧如洗，红红的太阳在朝我微笑。

（学生你一言我一语，显然都已经理解了。）

师：有句话说，“一切景语皆情语”，说的就是这个意思。希望大家在写文章时多多运用哦。

下面这个教学片段和片段一的用意是一样的，旨在让学生就“开头”这个点进行深入探究，经历从感知到实践的过程，从而真正内化为学生的语文能力。从学生的反馈来看，效果是值得肯定的，因此，可以说，这也算是一次有效的教学。

片段二：聚焦开头（《变色龙》）

师：找一找，发现变色龙是课文的哪几个自然段？

（学生很快就找出来是第一到第八自然段。）

师：读读这个开头，看看你有什么发现。

生：我觉得这个开头很长，你看，一共有八个自然段呢。

生：它是通过人物的对话来引出变色龙的。

师：是的，这个开头比较长，就像是在出一则谜语，一点一点展开，不断引起我们的好奇心，直到最后一刻才揭晓答案，引出课题。

师：回忆一下你所读过的其他文章的开头，还有什么文章的开头也很特别呢？

（学生回忆，自由交流，教师引导学生一起欣赏“自学单”上罗列的多个开头，比如，直截了当式的《陶校长的演讲》、总起式的《黄果树瀑布》、倒叙式的《艾滋病小斗士》，以及名言引用式的、对比式的、感叹式的，等等。）

师：下面，请你自己写两三个特别的开头，写完之后与同桌分享一下。

（学生自由写，摘录部分如下。）

· 草，西藏的茂密柔软的草哇！

· 世界上有千万种树木，而我只喜欢一种——那就是香樟树。

· 我家养了两只小鸡。饲养这两个小家伙虽然占了我一些时间，但是它们也丰富了我的生活。

· 在我家的北门外有一条街，人们都叫它“老街”。在这里，我度过了幸福的童年。

· 星星，今晚的星星亮晶晶的，真漂亮啊！

· 叶子是一种柔美、富于变化的物质。在植物王国里，它是国王赐给大地最好的礼物。

·是什么，来得悄无声息，走得不留痕迹，却激起所有色彩的轻舞飞扬？

·“你这个小顽皮，我一定要抓到你！”我大叫着朝仓鼠扑去。

·外面阳光明媚，我打开衣柜，那件心爱的粉色连衣裙被珍藏在衣柜里，再次见到它，我仍是那么喜欢。

·有人喜欢那牛毛似的春雨，有人喜欢那美丽的星空，有人喜欢那柔和的春风，而我喜欢那五光十色的傍晚。

·人们常说眼睛是心灵的窗户。我平常总爱看爸爸的眼睛，透过这扇“窗户”，我更了解爸爸了。

每每总是感叹，学生所呈现的精彩永远在我们的预料之外。当我读到这些各式各样的开头，读到这些长长短短的文字后，真的为之感动——语言是如此曼妙，它能给我们带来许多完全不同的感受，或是俏皮，或是诗意，或是深刻，或是温暖。甚至，当把这些原本毫不相干的句子放在一起时，你会觉得，它几乎成了一篇别有味道的散文。我想象着学生写下这些文字时的情景，我确信，他们的生命体验一定因此变得不同。语文学习在这里也有了别样的意义。

从自身的生命中给出答案

商友敬先生在《教师：在读书中生存》一文中做了一个很好玩也很意味深长的比喻，他把绝大部分的教师比作专职导游，把每天的上课比作导游引领游客在自己设定的路线上走动，然后每到一处就背诵一大段早已背熟的解说词，最后经过一次次“考试”后，游客才能顺利出关。

无独有偶，在课题组交流时，我校的顾校长也谈到了这个话题。只是，她换了一个角度提醒我们：在“自由行”越来越受到大众青睐的今天，在专职导游们的那些“陈词滥调”已然被游客知晓，已然失去吸引力的今天，我们这些“导游”该何去何从呢？

一个是站在教师角度的形象描述，一个是站在学生角度的现实叩问。

细细解读，细细回顾，你是否也和我一样猛然警醒？不得不承认，大多数时候，我也扮演着这样的角色——每天捧着预设的教案在课堂上滔滔不绝；每天要求学生如例行公事般地读、抄、默、练、背，日复一日，循规蹈矩，未曾逾越。长此以往，别说学生备感乏味，就连自己也对自己生厌了；我关心的不仅是这种一成不变，更是不变背后对学生长远发展的漠视。

北京大学哲学系教授章启群曾说到，教师不能目光短视，跟学生计算眼前利益。教师是帮助学生成人的人，这应该成为教师的生命自觉。事实上，这本来就应该是为人师者的常识，是教师的一种“生命自觉”。只是当常识被束之高阁，常识与常态相去甚远时，我们不得不审慎反思，不得不正视现实，不得不走向改变。

改变什么？需要改变的固然很多，但最核心的恐怕就是对自我的突破。

《教师月刊》上记录了这样一件事：一位母亲利用早上送孩子上学的时间，和孩子讨论了《北京》（人教版二年级上册）这篇课文该不该背诵的问题。母亲很专业地指出了文本在构架、选材等方面存在的问题，之后又很巧妙地引导孩子尝试自己去挖掘出更合适的内容，最终在与孩子的对话过程中，他们重新建构出一个更为优质的文本。

值得一提的是，这位母亲并不是教师，而是一位媒体人。她凭借着自己的学识，凭借着媒体人敏锐的感知，凭借着个人较为完整的知识结构，实现了一次有意义、有价值的教学。

这样的事例说明了什么？我想，它在隐约地提醒我们，对于教育而言，你是否具有教师的身份有时并不重要，教师与教育的实现并不一定是等同的。如果我们所做的事情只是将文本中现成的知识“搬运”给学生，那么，在某种程度上我们就只能是一个“教书匠”。而这位母亲虽然不是教师，却能在无形中促成教育，这与她自身的素养、与她对个体生命的关注是息息相关的。

由此可见，自我突破的关键就是对自我进行不断的丰富与提升。只有丰富阅读、丰富视野、丰富思路，才能提升文本解读的能力、提升课程建构的能力、提升实践思考的能力。如果你是常学常新的，那么你的学生一定会如你一般对一切新生事物充满好奇与惊喜；如果你是汩汩奔流的活水，那么，你的学生一定会和你一起快乐地流淌，奔腾出生命的浪花。

这个故事也令我深思。我们完全可以想象，作为母亲，当她发现孩子所学的内容不够完善时，她想到的可能是孩子的发展问题，她希望通过对话来引导孩子学会质疑、学会批判、学会建设，从而在学习品质、人格品质等方面发展得更健全。而如果这是一位教师，面对这一篇要求背诵的课文，首先想到的可能是要求学生认真背下来，哪怕对文本不太认同，但为了避免学生考试失分，也会让学生照背不误。所以，教师需要自我突破的另外一点，是对自我角色的定位、对学生的定位。如果教育能更多地洋溢出“母亲的情怀”，我相信，我们一定会把目光投向学生的今天，也投向学生的明天；如果教育能更多地体现平等、开放、民主、自由，那么，我们的学生一定会在辽阔的教育空间中积蓄力量，充满自信地走向更高更远的地方。

乔治·斯坦纳在《语言与沉默》一书中说，“在思考文学、教育和语言的时候”，应该“尽量严肃地从我们自身的生命中给出答案”。

“从自身的生命中给出答案”，我想这是最好的结尾，也是最好的开始。

第二章

让儿童站在课堂中央

第一节 生命在场，让童心长出翅膀

和太阳打电话

下雨了，
我的阵地被雨点占领啦！
我走到哪儿，
雨点就跟到哪儿，
总是在我的脚印里住下。
我要打“7076548”，
那是太阳的电话。
太阳一出来，
我的阵地就回来啦！

学生：施天任

儿童是天生的诗人

周二上午，我一共上了三节课——语文、阅读、阅读。

整整半天的课，教师当然会累，学生一定也是，所以，我决定要做些有意思的事，缓解一下。

语文课上的是诗歌——《我们爱你啊，中国》，很强烈的情感，很工整的句式，很丰富的内容。课后要求学生仿写，刚好可以在阅读课上尝试一下。再挑出典型的小节，和大家一起分析，如先看看内容写了什么，接着看看诗歌结构有什么特点，再看看句子中的词和标点，然后想想可以选择的话题、可以应用的句式……是的，有关技巧的指导是需要考虑细枝末节，需要逐层深入的，就与木工学习做桌椅、花匠学习修枝叶是一个道理，每个步骤都包含一种方法，每个阶段都体现出一种策略。之后，孩子们开始写了，我在教室里走走看看，他们都有话可写，也写得颇像那么回事儿，仿写的目标圆满达成。

当然，如果你正巧读过这首不知名的诗歌，或许你也会知道，这种类型的诗歌总是显得过于直白、过于激昂了，它就像是在迫不及待地呼唤，甚至是吆喝，于是，诗歌的意蕴，那些暗藏着的美丽也便消失了。我不喜欢这样的诗歌，当然，我没把我的不喜欢告诉学生，因为喜不喜欢该由个人来判断，教师没有权利左右学生。我只是告诉他们，诗歌的样式有很多，比如，《祖国啊，我亲爱的祖国》（舒婷），它很深沉，很内敛，它在一个又一个微小的事物里表达作者的爱。于是，我们接着读诗、品诗。

下面一节阅读课，我们换了地点——我们最为喜爱的桂花亭。其实课程内容还是读诗，读孩子们在前一天找到的儿童诗，但是背景环境不同了，孩子们的感觉当然也不同了。不是吗？读诗不也是读感觉吗？大多孩子在台阶上坐下，也有零散地坐在树边石头上的，他们甜美的笑容就像秋风拂过。他们纷纷举起小手，自愿上去诵读。有读金波的："春天，在我敞开的窗子上，挂着一只断线的风筝。"有读金子美铃的："谁都不要告诉好吗？清晨庭院的角落里，花儿悄悄掉眼泪的事。"也有精心准备了却羞涩着不敢上去读的，我假装顺势起身："哦，没人了啊？好，我们回去吧！"此时此刻，小手迅速高高低低地举起，像是一串动人的音符。

终于，最后一节课我们还是回教室了。我挑了一首诗歌，给大家简单做了一番指导后，布置他们回去也试着写一首。孩子们表情各异，有喜爱的，眼睛弯成了月；有烦恼的，眉头拧成了结；有茫然的，嘴巴抿成了线。

你猜，后来怎么样？嘿，他们写得真不错呢——儿童是天生的诗人，真是如此！

一起来分享一下吧。

卓尔羊

施天任

在学校后山的卓尔亭旁，
生活着一只小山羊，
长长的犄角，
肉乎乎的耳朵，
看起来很平常。
它有着自己的苦恼——
有时顽皮的孩子要拿它作乐，
它要时刻保护自己的耳朵和尾巴；
它也有自己的快乐——
没有天敌的追赶，
没有饥寒的交迫。
有空的时候它喜欢站在突起的石头上，
思考着问题，
回味着青草和树叶的清香。
我最喜欢看它，
那低头沉思的模样，
啊，它真是一只卓尔不凡的——
卓尔羊！

狐　狸

潘　宁

你是一只狐狸，
聪明有心计，
把乌鸦嘴里的肉骗来吃，
多么聪明的主意。

活该，谁让乌鸦爱唱歌，
呀呀呀，自吹自擂！
再说肉是偷来的，
谁吃都一样。
不管别人怎么说，
我还是喜欢你。

我和妈妈

陈　颖

外婆说，
我很像妈妈。
我才一米高，
妈妈一米七；
我是马尾辫，
妈妈波浪卷。
对着镜子瞧啊瞧，
怎么也不像妈妈。
外婆拿出一张照片，
拍的是妈妈小时候。
哈哈，
和我一般大，
翘鼻子，大眼睛，
直直的小辫。
原来，
妈妈也有小时候，
原来，
我也会变成妈妈。

放学的约定

顾婧哲

每天傍晚，

葡萄架下，

是我们约定的地点。

当我背着书包，

跑向操场，

而你，

我的母亲，

总在那里，

静静地等我。

桂花树组诗

一

关渭微

不久前的一天，

或许就是那个夜晚，

风轻云淡，

你悄然开放。

当晨曦中校园苏醒，

你甜甜的，

满院芬芳。

二

严泽宇

亭前，桂树，

那葱郁的身影，

风起，摇曳，

撒下一地的金。
树下的清风，
淡雅的香气，
飘零的落叶，
还有落叶堆里穿梭的小蚂蚁，
一切一切，
都映出一个忙碌而宁静
古老而新鲜的迷你国度……

三

叶语蒙

风悄悄地吹，
雨轻轻地落。
好奇的桂花，
转着圈，哼着歌，
悠悠地舞。
胆小的桂花，
埋着头，猫着腰，
羞羞地躲。

风不吹了，
雨不下了。
好奇的桂花，
着急地跺脚：
“哎呀，我上不去了！”
胆小的桂花，
露出脸蛋儿笑：
“哈哈，我看见大地了！”

四

陆语涵

瞧，那儿有一棵桂花树，
很大很大的桂花树。
碧油油的叶子，
黄灿灿的小花，
还有那粗粗的树干，
少说也得有一百年了吧。
瞧，树上长着许多小花，
很香很香的小花。
精巧的花瓣，
迷人的浓香。
把它们摘下来，
是用来泡桂花茶，
还是用来做桂花糕？
瞧，树边飞来一只小鸟儿，
一只很美很美的小鸟。
玲珑的翅膀，
金黄的羽毛。
它是要来建巢，
还是路过这儿休憩？
瞧，树下有一个读书的女孩，
一个很乖很乖的女孩，
明亮的眼睛，
清秀的脸庞。
故事书里讲了些什么呢？
是大山，
还是小河？

大树肯定知道，
因为它也在看着呢。
瞧，那儿有一棵桂花树，
一棵很大很大的树。

那天，我几乎花了一天的时间来读这些诗，读这些如露珠般晶莹的文字。我真的很感动，似乎等待这个时刻已经很久了。我知道，它不会经常来，或者是，这一刻来了，那一刻又不见了，但是，至少我知道了，它是存在的，是可以靠近的。

走在秋天

《秋天》是作家王宜振所写的一首儿童诗。诗句多用拟人手法，意象丰富，语句活泼，充满了浓浓的童趣。

我在黑板上用心地写下“秋天”这两个字，开始说道：“读读这个词——秋天，你们对它一点儿都不陌生，它就是——”还没等我说完，雨晨便在下面脱口而出：“季节。”声音打破了教室的宁静，也打破了我原本预设好的诗情画意。

呵，季节，是的，它就是一个季节呀！那么，在孩子们眼中，秋天还会是什么呢？

“秋天是一位画家。”

“秋天是一位音乐家。”

“秋天是一位慈善家。”

“秋天是一个男孩。”

“秋天也是一个女孩。”

……

感受着孩子们丰富的想象力，我知道，每个孩子心中都有一个不同的秋天。于是，我们继续在想象的世界里描摹秋天。

孩子们在硕果馨香的果园里探寻，看到了苹果的红、冬枣的绿；孩子们在一望无际的田野间弥望，闻见了稻谷的香、高粱的甜；孩子们在五彩斑斓的花园中奔走，感受着花朵绽放、蝴蝶翩飞、蚂蚱蹦跳。孩子们也把秋天看成了一幅画，满地黄叶铺就了灿烂，层林尽染是季节的帷幕；孩子们还把秋天听成了一首歌，秋雨淅淅，风儿沙沙……在你一言我一语里，生活的秋、艺术的秋、想象的秋一齐簇拥而来。

带着满怀的秋意，我们走进作者眼中的秋天。

先是读，看看作者眼里的秋天和孩子们眼中的一样吗。

孩子们兴奋极了，因为他们发现文中的几个段落和他们交流时说的很相似。他们迫不及待地读出自己的发现，就像是找到了知音，又像是自己当了回诗人般洋洋自得。

配合着他们激动的心情，我真诚地赞赏道："孩子们，你们真是了不起！一个个都有当诗人的潜质呢！我们再来研究研究，作者是怎么把自己看到和想到的内容用诗句表达出来的，然后我们也来进行一次创作，好不好?"

学情是教学的基础，只是，在很多教学预设中，我们经常沉湎于个体化的、一厢情愿式的判断中，教给学生他们已经知道的东西、似是而非的东西，将目标服务于教师的教，而非学生的学。在本课教学中，如果没有意外的出现，我会照着我的教学设计谨小慎微、一滴不漏地向前推进，孩子们也会在我的带动下感悟、想象、朗读，面面俱到地阅读他人眼中的秋天。只是，在这样的按部就班里，是否缺失了什么呢?

接下来我和孩子们研究的是诗句的表达方式。我的指导甚至可以说有些笨拙，只是让他们读句子，感受诗句运用的修辞手法，数数字数，对句子进行划分再上下对照等。孩子们最需要的不是术语的灌输，而是实实在在的触摸、领会，继而去理解和巩固概念。

第二天，我细细阅读孩子们写成的或长或短的诗歌，且不说用词的精准及对美好意境的勾勒，单就句式表达中的对称、段落的工整而言，我收获了实实在在的喜悦。

吹啊吹，吹红了枫叶，
叶落满地，满地红。

吹啊吹，吹进了果园，
果子成熟，满树香。

——徐易立

秋天是醉人的季节，
万紫千红是秋的点缀，
五谷芳香是秋的气息。
秋天是欢腾的季节，
汗水凝结成金黄的麦粒，
丰收大喜庆，到处歌舞欢。

——严泽宇

走在秋天，
秋的天空更蓝更高。
走在秋天，
秋的云朵更白更好。
秋风在林子里玩耍，
把落叶吹得满天飞舞。
秋风在花园里奔跑，
把桂花的香气带到四面八方。
玉米叫着冷了，
要穿珍珠衣；
棉花嚷着冷了，
要披白棉袄。
秋天仿佛是一位画家，
把大地画得井井有条；
秋天如同是一位音乐家，
把大树弹得沙沙作响。

——陆语涵

秋天，
是个伤感的季节。
叶子黄了，
花儿谢了，
大雨哗哗地下着。
秋天，
是个幸福的季节。
苹果红了，
葡萄紫了，
高粱开心地笑着。
秋天，
是个忙碌的季节。
摇着桂花，
收着稻穗，
人们快活地忙着。

——徐怡辰

秋天是一位慈善家，
她用沉甸甸的粮食带给农民们收获，
她用金灿灿的落叶带给孩子们喜悦。

——吴翊宁

金黄的向日葵低头看稻穗呢，
小鸡小鹅又生小鸡小鹅呢。

——林龙祥

苹果穿上了红皮袄，
看看，多漂亮！
橘子披上了金黄袍，
看看，多神气！

葵花低着头，满脸笑出了瓜子；
桂花朵朵开，香气中带给我们快乐。
——王子琪

秋风慢慢地飞过小路，
吹起尘土；
秋风慢慢地掠过湖面，
吹起波浪。
——高杨晨

秋天是个小男孩，
调皮地洒落树叶；
秋天是个小女孩，
拉着落叶跳起舞。
——徐荣军

来到田野，
她把高粱涂上了红色，
它笑了；
她把玉米涂上了白色，
它乐了。
来到果园，
她把葡萄涂上了紫色，
它熟了；
她把橘子涂上了橙色，
它甜了。
——汪佳妮

读着孩子们洋溢着童真童趣的文字，我开始思考自己的教学。如果我按照预设的教案组织教学，学生会收获什么？是的，他们会把课文读熟，会大致弄明白课文讲了什么内容，也会随着文本的推进依次感受秋天的太阳、空气、风、庄稼、水果等；他们会顺利达成理解课文内容的教学目标，也会发挥想象感悟秋天的美好。但是，如果审视课程教学中关于目标设计的要求，这样的设置显然不符合“合适的目标”的标准。在所谓的“合适的目标”中，它明确指出目标应该是集中的、连续的。某几项具体的目标间要有关联和融合，以实现教学内容的扩展、深化和提高；某几项目标指引下的学习结果也必须相关联，以反映同样的价值取向。如果一节课中有很多细枝末节的、零碎的目标，而这些目标的指向又不是特别集中，不是紧密关联的，那么，就无法有效达成目标。这样的结果也是有学生的生理特点和学习心理特点作为依据的。而反观本堂课的教学，在意外生成的指引下，我和孩子们就秋天的话题由自身的体验引入，再有重点地参照文本中的表达方式，学习从口头语言向书面语言转换的达成途径，到最后的正式创作，目标简单，连续性强，学习的效果也就突出了。

课程论中关于目标有一个通俗的定义：学生要学什么？教师要教给他们什么？今天算是“歪打正着”，我知道了我要教给学生什么，而学生也用他们的聪明才智告诉我他们学到了什么，可以说二者是呼应的、一致的，因此教学是有效的。

语文的，便是生活的

在一位教师执教《狐狸和乌鸦》的课堂上，有这样的一个环节。

教师说：“孩子们，都说‘旁观者清’，如果乌鸦旁边有个人劝劝它，那它应该就不会上当了，是吧？你们能来劝劝它吗？”

“乌鸦，你应该了解自己呀！你的羽毛并不________，你的歌声也并不________，千万别________，不然就要上了狐狸的当。”

教师在投影仪上出示填空题，并努力创设情境。

孩子们不假思索，纷纷举起了小手。

“乌鸦，你应该了解自己呀！你的羽毛并不漂亮，你的歌声也并不好听，千万别相信狐狸的话，不然就要上了狐狸的当。” 个孩子奶声奶气地说着，教师和其他孩子听了后点头赞许。

仔细想想，却总觉得不太对劲儿。

人与动物都是一样的吧？都存在着喜欢被人赞美的心理。只能说，文中的乌鸦可能没能像人一般很好地掩饰内心的欢喜，而是直接开心地表现了出来，最终不小心把嘴里的肉给丢了。

那么，假如我们是清醒的旁观者，应该怎么跟乌鸦说呢？

“乌鸦，不要伤心了，我理解你的心情。”——先表达出自己对对方的理解，往往能让对方更愿意接纳和倾听你。

“狐狸最爱骗人了，它有一肚子的坏主意呢！”——把焦点直接指向问题的核心，能更清晰地突出要点。

“看来，以后我们都不能轻信它的甜言蜜语呀！”——“我们”一词强化了共情，“不能轻信”是对事件的自我反思。

显然，这样的说辞更为准确，也更为合理，最重要的是更容易让人接受，人与人之间的沟通不就是为了让彼此愿意接受对方的观点吗？

当然，孩子是不会想到可以这么说的，教师则不然。作为具有专业素养的教师，我们不光要教孩子们明白书本上的内容、故事背后掩藏的道理，还要关注说话的技巧，这是对人物心理的研读，也是人与人之间交往的方式。

从这个角度来说，语文教学绝不可忽视任何一处细节。语文的，便是生活的。

总是诗歌

每次碰到诗歌，我都是要停下来和孩子们一起读一起写的。因为我心里面总是相信，与诗歌最接近的，从来都是孩子。

风儿在哪里

彭晨骅

风儿在哪里呀，
风儿在哪里，

风儿在那跳舞的鲜花里。
风儿非常快乐慢慢地吹，
我们爱那淡淡的花香味。

风儿在哪里呀，
风儿在哪里，
风儿在那摇晃的小树里。
风儿非常快乐慢慢地吹，
我们爱那凉快的大树荫。

风儿在哪里呀，
风儿在哪里，
风儿在那旋转的风车里。
风儿非常快乐慢慢地吹，
我们爱那旋转的大风车。

在哪里

蔡轶冰

风儿在哪里呀，
风儿在哪里，
风儿在蓝蓝的天空里，
那里的白云正在飘动哩。

雨点在哪里呀，
雨点在哪里，
雨点在泥泞的土地里，
那里的小树正在跳舞呢。

快乐在哪里呀，
快乐在哪里，
快乐在辽阔的操场里，

那里有小树呀，那里有昆虫，
小朋友正在游戏哩。

歌声在哪里呀，
歌声在哪里，
歌声在美丽的校园里，
那里有书本呀，那里有课堂，
还有小朋友的笑语欢声哩。

心里

陆魏宇

希望在哪里，
你知道吗？
希望就在你心里呀。
当你有了一个愿望，
希望就在你心中住过了。

快乐在哪里，
你知道吗？
快乐就在微笑里呀。
当你面带甜甜的微笑，
快乐就在你心里了。

勇气在哪里，
你知道吗？
勇气就在手里呀。
当你抓到一只可恶的老鼠，
勇气就在你手里了。

希望、快乐、勇气，
其实它们都在你心里。

雨点儿

李卓君

雨点儿，雨点儿，你在哪里？
老师对我说，
你听，
花伞儿“滴滴答答”地歌唱，
雨点儿已蹦蹦跳跳地经过那里。

雨点儿，雨点儿，你在哪里？
姐姐对我说，
你看，
泥坑里盛满清澈的雨水，
雨点儿已开开心心地经过那里。

雨点儿，雨点儿，你在哪里？
爷爷对我说，
你闻，
花园里的鲜花儿幽香四溢，
雨点儿已乐乐呵呵地经过那里。

雨点儿，雨点儿，你在哪里？
妈妈对我说，
你摸，
树上的叶片儿湿湿又漉漉，
雨点儿已嘻嘻哈哈地经过那里。

童年在哪里

金怡佳

你知道童年在哪里吗？
你不知道？我知道。
童年在美好的春天里。

我们追着黄蝶唱着歌，
谁也不知道我们心中的甜比蜜都甜。

你知道童年在哪里吗？
你不知道？我知道。
童年在树下的花草里。
我们躺在那儿仰望蓝天，
谁也不知道我们心中的甜比糖都甜。

你知道童年在哪里吗？
你不知道？我知道。
童年在夏日的水花里。
你泼泼我，我泼泼你，
谁也不知道我们心中的甜比巧克力都甜。

你知道童年在哪里吗？
你不知道？我知道。
童年在安静的课堂里。
老师用笔尖编织理想的丝线，
谁也不知道我们心中的甜比橘子都甜。

童年在哪里？
童年就是我们，
它不是定格在相机里的瞬间。

童年是什么

陈　薇

童年是什么，
你知道，我也知道。
童年就是赤着脚丫的孩子

奔跑着，嬉戏着。

童年是什么，
你知道，我也知道。
童年就是头发蓬乱的小子
捉蝴蝶，捕知了。

童年是什么，
你知道，我也知道。
童年就是脸蛋红红的女孩
跳皮筋，荡秋千。

童年是什么，
你知道，我也知道。
童年就是儿时的欢乐
是那些难忘的时光。

课本中出现了两首关于风的小诗，短小轻快，还很可爱。我先请孩子们自己读，并引导他们试着发现两首小诗的共同点（其实是帮助他们学习诗歌的写法）。很快就有孩子举手了，说这两首都是有问有答的，有的句子是反复出现的，就连字数也一样。看来，在你一言我一语里，他们已经把诗歌里经常出现的反复、句式结构工整等特点找了出来。

接着，我们开始拓展。那么，风还会在哪里呢？这个问题显然难不倒大家。有的说在旋转的风车里，有的说在飘扬的红旗里，有的说在浮动的云朵里，有的说在飞舞的尘土里……说了好多，说得多好。

那么，如果我们把这些都写进诗歌里，是不是就可以变成一首属于我们自己的诗歌了呢？我的提议让孩子们兴奋起来。有现成的句式可以模仿，孩子们创作起来不会太难。不一会儿，形形色色的“风”就在课堂里“吹”开了。

你永远猜不透孩子们的心灵深处到底藏有多少奇思妙想，多少令人动容的童言稚语。有孩子开始提议：“可以不写风而写雨吗？”“当然可以，你的想法真棒。”我马上做出肯定的回答。于是，又有孩子想到了写云、写春天、写童年……

所以，你便看到了以上多姿多彩的孩子们的诗歌。

当然，诗歌的本质是自由。课本上的诗歌只是其中的一则范例罢了，最后，我们还阅读了其他样式的诗歌。令人高兴的是，今天有孩子在黑板上的“每天吟诵”一栏中也赫然写上了一首《爸爸的鼾声》，大家读得可高兴了。

在“宇宙的摇篮里”慢慢成长

那一年的那堂课，是我和孩子们心中的诗。

听说今天要下雪，我们都不敢相信，然而到了数学课，我们所有的人都兴奋起来了——外面下起了微微小雪。其实也真的可怜我们的周老师了，他还在绘声绘色地讲着课，同学们的注意力都集中到雪上去了：有的巴不得把头伸出去，有的不时往外张望着，还有的……总之，所有人的心已经都飘到雪中去了。(子烨)

是的，那天，不期而至的雪，纷纷扬扬，一如满天的繁星落入人间。我不禁伸出双手，带着孩童般的虔诚想去捧住它，谁知，竟捧住了满心的喜悦。

哇，下雪了！真的下雪了！

趁着下课，我快步来到教室，想和孩子们一起分享内心的快乐。孩子们也早已按捺不住，如云雀般飞向这银白的世界，跳啊，笑啊……校园里一片欢腾。

可是，“丁零——”，上课铃声不合时宜地响起，无情地打断了这美好的一切。

唉，雪啊，让我偷偷地再看你几眼，我生怕你不再飘落了。(诗怡)

孩子们一步三回头，我完全能听见他们内心的声音。想到虽只是一墙之隔，隔绝的竟是两个截然不同的天地，使学生产生的是两种几乎对立的感受，对此我真有点怀疑：一定要为了恪守某些规定而让教室成为禁锢追求与自由的牢笼吗？经过一番思想斗争，我终于决定：不上课，去玩雪！当然，这是有要求的：要细细看，静静听，轻轻想，用心灵去和雪花约会。我并不认为自己的要求过于苛刻，因为，“用思想去钻研因果联系的时候，自然界才能成为教育的强大源泉”（苏霍姆林斯基语）。无论如何，我是一名教师。

当我宣布这一消息时，你简直无法想象孩子们的激动，他们的欢呼声简直响彻云霄。

接着，我瞧见了多么动人的画面啊！天幕间弥漫着洁白的雪花，穿着五彩冬衣的孩子们三五成群，或是追逐奔跑，或是静静欣赏；或是大声欢笑，或是窃窃私语。你摸摸我微湿的发梢，我碰落你一身的雪花；你伸手试图留住它，我张口偷偷尝一尝。那一刻，你无法不动情，最后，这节看似不像课的课却有了超乎寻常的意义。

回到教室，孩子们迫不及待地拿起笔，“唰唰”地写了起来，他们甚至拒绝了请他们先来口头说说的要求。于是，在这个银装素裹的冬日，我收到了许多绝好、绝美的“礼物”。

我站在操场边，那调皮的小雪花也真是的，硬往我这儿飘，弄得我满头“白发”。我想教训它们一下，伸手一抓，咦？难道是雪花不喜欢我吗？只留下几滴水在我的手掌心里。我在雪中快乐地奔跑，小雪花一层一层地飘到我的身上，好像在说：“我们累了，再说我们也没有脚，就带我们一起奔跑吧！”我似乎听懂了它们的语言，绕着操场不停地跑，身上的雪也越积越多……

——一尘

人们说雪是无声的，可我却听见了——那是对人们最衷心、最快乐、最温馨的祝福。

——小宁

是的，雪的一生都是快乐的。自她们被太阳公公蒸发的那一刻开始，她们就生发了无限希望，一直到她们飘到人间，化作乌有时，她们仍是欢天喜地，载歌载舞。她们的激情感染了孩子们，让他们也乱作一团。

——启迪

雪花落在我的小手上，我的手冰冰的，直冰到我的心里。我好像听见她在对我说：“让我们的心一起变得安静、纯洁。”

——丽雯

“当当当”，这是谁在敲我的门？
我打开门，发现了它，
那么小巧，那么剔透！
我轻轻托起它轻盈的身子，
悄悄地问：
你来自哪里？你来干什么？
它微笑着说：
我来自天堂，仙女让我来给冬天化妆。
我点点头，问：
你能永远留在人间做我的朋友吗？
它有点狡猾地说：
可以，等我化成水，你就可以留住我了。
于是，我张开双手，尽情地和它拥抱！

——滢滢

这般晶莹通透的文字像一颗颗珍珠落入我的心田。我感慨着这种神奇的同时，也不无震惊地发现，从来没有哪次我精心指导过的文字像这样散发着生命的活力！然而，面对自己的震惊，我也惊恐起来，因为我想到马可·奥勒留在《沉思录》里的话，他说：“记住：正像无花果树结出无花果感到大惊小怪是一种羞愧一样，对这世界产生了本来就是它产物的事物大惊小怪也是一种羞愧。”今天，孩子们和大自然在一起，将自己的真实性情完全流露出来，他们的语言汩汩流淌，简直就是在验证关于人与自然的哲学思考——人是从自然中分化出来的，人是自然界的一部分。当他们回归自然时，他们的心灵也因此实现了完满，他们的所有表现都是“世界的产物”。可是，我不正“大惊小怪”着吗？

我大概是不甘心承认自己的羞愧吧，于是，我给孩子们布置了一道题目，让他们一起来回忆一下自己印象最深、最喜欢的一节语文课。要知道，每一节课我都是做了精心的预设与准备的，我甚至暗暗地希望孩子们能记得很多节各式各样的语文课。然而，或许你已经猜出结果了，是的，他们几乎无一例外地提到了这节课。除此之外，还津津乐道于去桂花亭上《桂花雨》，学完《石榴》后去石榴树下摘石榴，以及去后山坡看樟树等的情景。真的，全都是与大自然息息相关的课啊！我真的羞愧了。

我羞愧，有多少节课，我们将门窗紧紧地关闭，通过查词典去了解什么是“枝干遒劲”，什么是“树影婆娑”；通过想象去描摹山脉的绵延悠长，亭台的清幽宁静；通过阅读例文去学习如何描写一朵花、一只虫……总之，我们将四四方方的教室视为学习圣地，硬生生地将大自然拒之门外，哪怕校园内古木参天、鸟语花香，哪怕我们背枕虞山，毗邻读书台。

我羞愧，有无数次，我折服于圣人孔子在泗水河畔教学的意味深长，苏霍姆林斯基和孩子们坐在用植物的藤蔓搭成的“绿色教室”里“环球旅行”的意趣盎然，雷夫带着孩子们行万里路，遨游世界的情真意切……我真心诚意地欣赏着、感动着，却终究只是将他们视为故事中的人物，而我，只是一名旁观者。

我羞愧，我自以为深谙教育之要义，关注孩子们整体生命的蓬勃生长，让他们感受生活的美好、人性的美好，让他们珍视精神的价值，关注内心的充实，让他们拥有积极、乐观的人生态度。可我不曾追问，生命成长的原点在哪儿？感受美好的能力应如何培养？心灵充实的源泉是什么？

冰心在《繁星》中写道：无论是小桥流水的幽雅情趣还是大江东去的磅礴气势，无论是朝阳初升时小草上的一颗露珠还是暮色降临时原野的一缕炊烟，都能使我和我的学生深切地感受到：“我们都是自然的婴儿，卧在宇宙的摇篮里。”

是呀，周日中午，天气暖暖的，我靠在小公园的长椅上打盹，任微风拂过我的发。我把整个身心浸润在阳光里，感受着世界的宁静与动人。我想到了我的学生，我的课堂。如果在晴好的日子里，我们也能在操场上看看阳光，看看流云；在小雨霏霏时，我们也能靠着窗儿听听雨声，赏赏雨花；在落叶纷飞中，我们也能尽情地拣拣黄叶，收藏心事，那么，孩子们的生活该会多么润泽，彼时彼刻，孩子们也就真正成了“自然的婴儿”，在“宇宙的摇篮里”慢慢成长。

小细节，大回味

正如生活中的每一个微笑、每一个点头都值得我们珍藏一样，教学中的很多细节也值得我们关注。

细节一：“遗憾”与“遗愿”

《把我的心脏带回祖国》一课最后的部分讲述的是肖邦临终前，嘱咐姐姐将他的心脏带回祖国波兰，希望能长眠在祖国的泥土中的事，我们将之概括为“临终遗愿”。可是在板书时，我不小心把“遗愿”写成了“遗憾”，有几个学生注意到了，在下面偷偷发笑。我赶紧拿起黑板擦准备修改，可仔细一想，二者似乎也不是全无关联啊！于是，我笑着问：“哦，老师真粗心！不过，你们觉得我可不可以写成‘遗憾’呢?”听我这么一问，下面变得安静了，有学生若有所悟：“好像也可以啊！你看，肖邦多么爱自己的祖国，可是到了弥留之际，依然没能回到自己的祖国，只能嘱托姐姐把他的心脏带回去，这就是他的遗憾。”“对啊，心系祖国却只能客死他乡，这是肖邦毕生的遗憾，是最为痛苦的遗憾啊!”学生纷纷点头。一字之差，对人物内心情感的分析再次将课堂推向高潮。

细节二：“须纵酒”与“需纵酒”

《闻官军收河南河北》是杜甫的一首“快诗”，诗中将杜甫喜闻家乡被收复之后难以抑制的喜悦之情淋漓尽致地表现了出来。其中的一句“白日放歌须纵酒”，放声歌唱，纵情畅饮，充分表达了诗人听闻喜讯后兴奋、激动与昂扬的心情。可是，有些学生在书写时将“须纵酒”写成了“需纵酒”。于是课上，我请学生来辨析：这两个词组一样吗？可以互换吗？学生在比较之后就发现，“须纵酒”是说这个时刻必须要喝酒才能尽情释放内心的喜悦，而“需纵酒”是说需要喝酒，显然，“必须”比“需要”来得更强烈、更迫切，因此也更符合人物当时的心情。

细节三：问与答

教师和学生之间的问答是课堂常态，通常也是串联整个课堂的媒介。因为是常态，便容易忽略，殊不知，这一问一答里，自有万般乾坤。那天，我听一名教师执教《登鹳雀楼》一课，记下一组“有趣”的问与答。

师：（播放黄河滚滚流淌的声音）你们听到了和看到了怎样的黄河？

生：黄河很大。（答题者为二年级的学生）

师：哦，黄河在咆哮。

……

师：（教学到“欲穷千里目，更上一层楼”一句时）从哪个词可以看出诗人想看到很远的地方？

生：千里。

师：那么“目”是什么？

生：眼睛。

师：嗯，是看到。

师：诗人一层一层地往上爬，是要干什么？

生：因为他想要看夕阳。

师：哦，他想看到很远很远的地方。（板书：看得远）

仔细审视这一组对话，不难发现，面对教师的每一次提问，学生的回答都是具有指向性的，是与问题相一致的，教师的理答却“自成一格”，偏离了原先的轨道，师生之间根本就没能形成有效的对话，更别说总结或提升了。原因在于，教师的每一次提问都有着自我设定的答案，学生的回答更像是一次“障眼法”，将教师直接说出答案的意图和行为予以遮掩，以至于一不留神我们都没能发现其中的蹊跷。如果要进一步深究的话，这样的教学无疑是漠视儿童存在的，是缺失儿童本位理念的，是站在教师立场上的一厢情愿式的教学。

回到每一节课

今天是教师节，一早醒来迷迷糊糊的还真没意识到。

我气喘吁吁地登上四楼，楼梯口是一群欢蹦乱跳的孩子，见到我，都欢呼着拥过来递上贺卡，教室里也是一片欢腾。

多么可爱的孩子，今天是老师的节日，结果最为兴奋的是他们！我很直接地告诉他们，今天表现得好便是送给老师最好的礼物，让我们一起上一堂快乐的语文课吧！

今天学习的是贾岛的《寻隐者不遇》。

作为一首经典古诗，如果从课程论的视角看，它显然应该归为“定篇”。这类选文教学的意义便是带领学生去了解其经典之处，进而见识一种文化，实现一种传承。

首先我和孩子们一起回忆了学习古诗的一般步骤与方法，接着用最短的时间了解了诗人、诗题及诗意。孩子们学得很轻松，因为古诗内容很浅显，再加上他们已经预习过了，所以并没有太多理解上的障碍。

我开始设置疑问，试着将大家的思考引向深入：“这样一首平淡无奇的诗为什么会成为经典之作而流传至今呢？再读一下，你有什么发现？”

我先不急着直接告诉他们答案，那样，会让他们失去探究的兴趣，缺少思维的参与，从而失去学习的意义。孩子们果真有所发现：“我发现这首诗的文字很直白，一读就懂。”

我马上肯定他：“对极了，文字浅显易懂、朗朗上口是这首诗能流传的重要因素，如那首《鹅》就是如此。”大家连连点头。

因为得到了肯定，孩子们更积极了，继续发现：“我觉得这首诗里的隐者好像过着闲云野鹤般的生活。”语涵一语惊人，也一语道破古诗的“玄机”所在！

我接过话头，将本来预设在后面的内容提前教学：“是呀，这首诗的题目是《寻隐者不遇》，那么，隐者应该也是一位比较重要的人物，诗中对他却只字未提，多奇怪啊！但是，再细细推敲，到文字背后探寻一番，我们能否依稀可以感觉到他的存在呢？”

孩子们来了兴致，开始去古诗里寻找。于是，他们感觉到在“云深处”似乎能见到一位腾云驾雾、仙风道骨的隐者，他们从贾岛去寻访隐者这一做法本身去想，可见隐者必有不凡的才学，他们从“采药去”联想这可能是一位药师，他们还想象，说不定隐者就藏在身后的茅屋里不想见客呢……

随着孩子们的想象，我出示这首诗的专业鉴赏与他们分享，并和他们一起理解了“含糊其辞”这一评论。孩子们原先那种零散的感受得到了一种界定，也得到了一次提升。

我继续和他们愉快地探究：“这只是这首古诗的妙处之一，其实还有呢！你们试着来还原一下诗人和童子的对话，看看还有什么发现。另外，在还原时大家也不妨联想一下诗人的心情。”

听我这么一说，他们开始表演起诗人与童子的对话，同时恍然大悟：原来这首诗还有很多省略的内容，或者也可以说，它的内容也是“含糊”的。诗人的情感也在对话的过程中跌宕起伏，但它的呈现方式同样是内敛含蓄的。

至此，孩子们的兴趣已被大大地调动起来，直至下课铃声响起，不少孩子还意犹未尽地想发表自己的看法。我微笑着打断他们的话，问：“现在，你们感受到这首诗的经典之处了吗？现在，你们还认为自己背熟了一些古诗就是真正学会了吗？现在，你们知道为什么古诗是我们国家最为宝贵的文化财富了吗？”

孩子们个个笑靥如花。

那就将错就错吧

教《七律·长征》时，一个口误，我说成了“我们学一首毛泽东的词"。对此，孩子们竟没有任何反应——老师说什么就是什么，在很多时候成了一种可怕的教育现象。我发现了这个错误后问学生："我好像说错了？"这时才开始有学生点头，认可我的错误。

这到底是一首词还是一首诗？我决定将错就错，好让孩子们弄个明白。

"这应该是一首诗，因为它每一行都有七个字。"有孩子说。

"哦，如果是词的话……"

"每一行的字数是不一样的。"孩子接着说。

"嗯，不一定每一行都不一样，但是一定有长短句之分，所以词又称'长短句'，比如——"

"明月几时有，把酒问青天，不知天上宫阙，今夕是何年……"朗朗的诵读声响起，还有不少孩子扳着手指数字数，可爱极了。

"还有哪里可以证明这不是一首词呢？"我继续追问。

孩子们观察片刻之后说，词有词牌名，而"七律"不是"词牌名"。

"那么，'七律'是什么呢？"我决定继续追问。显然，孩子们也喜欢这样的刨根究底，因为能使他们产生一种不断发现新事物的欣喜。

我让他们别急着说，而是先打开书本读一读，看一看——总是有那么几个孩子的反应极其灵敏，不过，有时他们对于答案的脱口而出往往是对其他孩子思考的剥夺。教师应该顾及的是对所有孩子思维的训练，而不是急于找到答案。

"七律诗每一行有七个字。""七律诗一共有八行。"孩子们通过自主阅读以及之前的学习经验，很快发现了七律诗的特点。

"嗯，回忆一下，除了这一首，你还读过其他的七律诗吗？"光有形式上的认知是不够的，只有不断调用孩子的积累进行丰富和巩固，才能使这样的认知得以内化。

"有，有，《春夜喜雨》。"彭彭背诵过很多古诗，在他的带领下，全班学生一起朗声背诵起来，虽然不够流畅，却很动听。

"那么……"我的发问一发不可收拾起来，"如果学的每一行都是五个字的呢?”

“绝句，一行五个字的是五言绝句，七个字的就是七言绝句。”嘉伟一股脑都说了出来。

“来，背一首绝句吧——”

“两个黄鹂鸣翠柳，一行白鹭上青天……”孩子们摇头晃脑，像是在炫耀着什么。

好吧，你们真的很棒!

赏 荷

我选择了《荷花》作为开放日展示课，是因为喜欢文章的作者——叶圣陶，确切地说，是喜欢这样的名篇。名篇佳作里总是会有一些令人心动的东西。

我自己先读课文，又找来原文比对着读。

叶圣陶先生的文字真是朴实——

“荷花已经开了不少了。荷叶挨挨挤挤的，像一个个碧绿的大圆盘。白荷花在这些大圆盘之间冒出来。有的才展开两三片花瓣儿。有的花瓣儿全都展开了，露出嫩黄色的小莲蓬。有的还是花骨朵儿，看起来饱胀得马上要破裂似的。”荷叶的多、荷花的不同形态就在寥寥几笔中道出，不华丽，不铺陈。对于“挨挨挤挤”“有的……有的……有的……”这样的词语、句式我们也是屡见不鲜，孩子们在二年级时就已写过类似的文字了。

我翻找出存留下来的孩子们的文字，徐佳昊是这么写的：“看啊，看啊，那碧绿碧绿的是什么？哦，是荷叶！荷叶大大小小的，一片连着一片，铺满了整个荷塘。那些荷叶有的……，有的……，还有的像碧绿的大圆盘……”沈洋是这么写的：“我离开农田，无意中看到了荷塘里的荷花。荷花有的高，有的低，有的是黄色的，有的是粉色的……”

瞧，徐佳昊对于荷叶的描述多生动，甚至也用上了“碧绿的大圆盘”这样的短语；沈洋呢，也借助“有的……有的……”这样的句式写出了荷花的高低、色彩等。回归到文本，学生已经能理解并运用词语、句式来描绘他们看到的影像，还需要花大力气让他们去细细揣摩、多加想象吗？值得深思。

思量再三，我决定尊重孩子们的学习实际，舍弃不实用的想象，试图带领他们去品析词、句的精妙，从而真切地触摸作家于平实间折射的文字的光华。

显然，大家的文字是见微知著的。一个“冒”字，荷花的挺拔形象跃然纸上，无限蓬勃的力量一览无余；一个“饱胀”成功地勾勒了花骨朵儿的饱满、圆润以及绽放的渴望。这样的文字不仅准确地描画了荷花的形态，也让我们触摸到了文字本身的生命力。于是，我和孩子们从“冒”字本身走向它的内核，去体会花之情、人之情。我也和孩子们从“冒”字本身走向它的外延，大胆地进行了这样的设计：“其实，我们也能成为作家。叶圣陶先生看到的景象让他想到了‘冒’字，我们可能会看到不同的景象，那就应该用另外合适的文字来表达，对不对？”孩子们来了劲儿，托腮思考起来——

“我想说‘白荷花在这些大圆盘之间探出来’。这时候的白荷花是斜斜地伸在荷叶上方，很活泼，又有点害羞。”

“也可以说‘白荷花在这些大圆盘之间露出来’。‘露’出来就是原来躲藏在荷叶下方，一阵微风吹过，荷叶被吹散开来，荷花就露出了一点花瓣。”

“我觉得可以说‘白荷花在这些大圆盘之间长出来’。因为‘长’字感觉它是一天一天长大，慢慢伸出来的。”

孩子们争先恐后地发言，真令人感动。

特级教师王崧舟说，语言是水，文字是水。要沉入词语，被深深地卷入，身心才能得到涵泳、浸润、滋养。的确，课文永远只是一个示范，是一扇通向大千世界的窗口。如果你是拘泥的，你的视界就是有限的；如果你是敏锐的，你的视界就是独特的；如果你是灵动的，你的视界就是丰富的。

相信，在像今天这样的“赏荷”之后，孩子们的心里会留下一池荷花，会有一串文字，会有一份情感的沉淀。

或许，这就是语文的意义。

孩子们的颁奖词

太阳很好，在些许灰蓝的天上闪出亮的光，吹来微微的风。

这样的早上，我坐在桌前读孩子们写的颁奖词。

我们刚学完一篇课文，文中讲述了法国的一个普通的三口之家（一位母亲和一双儿女）为了保全藏在蜡烛里的绝密情报，勇敢地与前来搜查的德军周旋的故事。故事中有着令人感动的力量，主人公的沉着机敏如一粒种子种在了大家心中。于是，我想到了让他们写颁奖词——这一刻，我们需要一种表达形式来让这些“种子”破土而出。

我先给孩子们展示几个颁奖词的例子，告诉他们句子不用太长，可以从简单描述变为情感升华，告诉他们可以找几样具有象征意义的事物，相连的句子要尽量做到对仗……我大概有点喋喋不休，因为对一群孩子没办法说清什么是凝练，什么是深刻，什么是意象，什么是意境。

然而，孩子是天生的诗人，否则，在很短的时间内，孩子怎么会写出这样的句子——

你，永远把国家放在第一
在危险时，最先想到的
并非自己，也不是家人
你冷静地和孩子们保护蜡烛
在他们害怕时，镇定自若地
引领他们，安抚他们
你就像那蜡烛一样
带给人们温暖、光明

——写给伯诺德夫人

“你就像那蜡烛一样，带给人们温暖、光明”，这样的句子温润而深沉。我反复念着这一句，被它深深地打动。

还有——

烛焰摇曳
微微颤抖着的光
好像即将熄灭
好几双饿狼般的眼睛
困住了你
仿佛死亡在飘来
可是忽然
你如同什么事也没有发生一样
向德国人说出想要上楼
在死一般的寂静中
德国人说
可以
你不慌不忙
搬走烛台
在绝望的一指间
力挽狂澜
拯救了祖国人民
也为自己的生命辟出了新路
而你
只是一个小女孩……

——写给小女孩

我几乎是被牵引着读完这则颁奖词的。那么细腻的画面，那么曲折的节奏，那么真挚的情感，每一个字在这里都有了意义，都有了生命。

还有琦琦的，小晨的，小宇的，琳琳的……因为允许他们任意选择“颁奖”的对象，所以他们或是赞美爸爸妈妈，或是感恩老师和亲友，或是留恋同学与学校……一句句一行行，都是真心，都是真情。平时沉默寡言的文濠写给父亲："父亲虽然平凡，却有一种伟大的精神。"平时可爱幽默的一宁写给妈妈："您并不比星级大厨，但在那一刻，我看到，您用真心养育我。"平时大大咧咧的俊杰写给老师："是您教会了我们做人的道理。感谢您，引领我们成长。"平时就能言善道的煜峰这样写给班主任："您不用怎么特意打扮，因为您的品德就是最美的时尚。"有的孩子留恋即将别离的小学校园："早上的阳光是那么灿烂，宽敞的教室总是充满欢声笑语。"有的孩子不舍最最亲爱的同窗："心中虽有不舍，却无法挽回，这一刻，希望我们互相珍重。"

读着这些从心里流淌出来的文字，我理解了立陶宛作家米洛兹何以会"对每一个词充满了无限的虔诚与崇敬"，因为，当语言和思想与情感相统一时，它便不是孤立的了，它"充盈着生命的呼吸"，它与你融为一体，而你读着它，分明是在倾听一种心声，就像灵魂的呓语。如果孩子们能一次次经历这样的融合，经历语言带给自己的快感，经历语言与生命同呼吸的自然，那么，他们是否从此就可以找到一条通向心灵世界的路呢？

我迫不及待地想要表达自己内心的激动。午饭时，我随手拉住予喆（以上"写给小女孩"的作者，其时正好在我面前走过），夸张地对他说："你写得实在是太棒了！""什么？"他有点发愣，一时没听明白。"你的颁奖词呀！"我连忙补充。"哦！"他的脸一红，被我夸得有些不好意思。

教室里，大家安静地吃着饭。我坐在那儿，看着他们，觉得再没有比他们更可爱的存在了。

不该忘却的你

早晨，我正认真地做着第一课《走，我们去植树》的课件，办公室里海龙老师一声感慨："唉，这种也叫诗歌？你看看，哪里像？除了那么一两句有些诗意之外！"原本沉浸与投入的我被他突然打断。

我捧起书本，仔细端详那些文字，果不其然，真没多少诗歌的感觉。这一刻，我为自己所谓的“认真”汗颜起来——认真，也许用在了不合适的地方，也可能导致认真地走向可笑，认真地传递浅薄。

于是，我重新审视起这篇课文——以一个鉴赏者的眼光。

诗歌的开头部分描述少先队员前去植树的场景不乏生动与童真，而讲述植树作用的部分虽是重点，却乏善可陈，有些直白而无味。那么，孩子们到底要从中学些什么呢？

片段一：出入诗歌里

（出示第一小节，请学生反复朗读。）

师：读着这样的诗句，我们仿佛看到了少先队员们去植树的情景。你看到了吗？

生：看到了，他们扛着小树苗，一边走一边哼着歌。

生：他们在阳光下快乐地走着，迎面吹来暖暖的春风，特别舒服！

生：是的，小鸟也飞来了，小路旁的草啊，花啊都在蓬勃地生长！

……

（学生再次朗读。）

师：我们学习的目的是为了学会学习，我们学习诗歌，也完全可以尝试去创作诗歌，这样的学习才是最有意义的。结合刚才的想象，你能试着将这一小节中的前两行重新改编一下吗？

（学生思考，自由练习。）

生：沐浴着和煦的阳光，聆听着清脆的鸟鸣，亲爱的少先队员们，走，我们一起去植树！

生：闻着花草的馨香，听着小鸟的啼叫，亲爱的少先队员们，走，我们一起去植树！

生：红领巾在胸前飘荡，花香在身边弥漫，亲爱的少先队员们，走，我们一起去植树！

师：真不错，句式有了改变，诗歌却依然是工整的，这就是一种创新思维。

在孩子们叽叽喳喳如小鸟般动人的发言中，诗歌的画面在想象里鲜活起来，诗歌的意蕴在揣摩中变得可感。一出一入，诗歌有了存在的意义。

片段二：种下了什么

（出示第二小节，学生朗读、理解。）

师：是啊，荒滩上，沟渠旁，田野里，山坡上……到处都有少先队员们植树的足迹。他们一边挥洒汗水，一边欢声笑语，他们不累吗？

生：不累！

师：当然，如果让我们也去种树的话，估计大家也是乐呵呵的，觉得很有趣，对吧？其实，曹老师觉得，更有意义的是，在植下一棵树的同时，我们也种下了什么？

生：种下了一片绿色。

生：收获了绿色，也就是种下了人们的健康与幸福。

生：种下了快乐。

生：种下了蓬勃的希望。

生：种下了美好的心灵。

诗歌总会在文字里嵌入情感。如何让孩子们用他们自己的方式去感悟，用他们的情感去碰撞，这就需要我们找寻一条通道，一条充满情趣的路，让孩子们喜滋滋地去追赶，似在赏诗，实在“煲”心。

片段三：打开一扇窗

诗歌是什么样的？既然文本本身不太像诗歌，或者不太精彩，我们就有理由为孩子们打开另一扇窗，让他们去看看窗外别样的风景。

在结束课文的教学后，我投影出金子美玲的几首小诗——《花儿的眼泪》《糖果》《我还想睡觉》。孩子们读着，笑着，忍不住窃窃私语，一副完全被吸引的样子。我问他们觉得这几首诗歌怎么样，有的一本正经地说：“嗯，句式很工整。”有的嬉皮笑脸地回答：“太好玩了。”有的能说会道：“富有童趣，很有意思，很适合我们小朋友阅读！”听着孩子们你一言我一语颇有见地的评价，我们还需要告诉孩子什么是好的诗歌吗？还需要谆谆教诲，告诉他们多去读读这样的诗歌吗？

回想整堂课的教学，我还是心有戚戚焉。在很多场合，我们总会冠冕堂皇地认为教学设计要基于文本特点，基于学生实际，然而，回到现实，我们常常一不小心就把这些话全给忘了，有时是无意，有时可能是无视。无论如何，这都是一种背离。

教师永远不要忘了一个个真实的孩子的存在。

第二节　润物无声，让童真在文字里开花

我喜欢

春天满地的迎春花：
这里一朵，
那里一朵，
真比天上的星星还艳丽。
到了晚上，
迎春花睡了，
我望着满天的星星：
这里一颗，
那里一颗，
真比地上的迎春花还灿烂。

学生：严泽宇

写作文是否需要技巧

我在翻阅教育类杂志时，偶然读到有位教师呼吁，作文教学只有将“作前指导”改为“作后指导”，才是真正的出路。这位教师认为，只有加强“作后指导”，才不会限制学生的思维，才能充分挖掘学生的个性。我虽然没有细读，却也引发了自己的一番感慨。反观作文教学现状，教师往往花了大量时间进行所谓的指导，在一番滔滔不绝、口若悬河的引导之后，学生的作文依然言之无物，最终导致作文课成了令师生双方都苦不堪

言甚至望而生畏的课。

然而，将指导的时机从作文前移到作文后是否真的万事大吉了呢？不尽然。如果每次都是在没有教师任何指导下的学生的自由写作行为，那么如何体现各年段的习作要求呢？如若将要求融入作文后，那么对于那些远没有达到习作要求或偏离了习作要求的作文又该如何处理？

我的观点是，“作前指导”可以分散到作文前的课文教学中，一点一点渗透，逐步深入，“润物”于“无声”中，功夫下在平时，或许效果会更好。下面以苏教版五年级上册的《黄果树瀑布》《莫高窟》与本单元的“习作 5”为例，说一说如何在平时教学中逐渐渗透作文方法指导。

案例一：从《黄果树瀑布》中学“移步换景”

以下为教学《黄果树瀑布》一课中的巩固课文环节。

首先，请学生看板书，说说作者按照游览顺序依次写到了几个地方，分别写了什么。

接着，告诉他们，这种写法叫“移步换景”。

最后，进行实践迁移，让学生回忆他们的旅游经历，或是在学校、小区里的所见，并辅之以简单明了的板书——

来到哪里——怎么样
↓
来到哪里——怎么样

学生通过文本的直接示范，借助板书的直接引导，很顺利地完成了此次片段练习。课后，他们已能做到有条理地转换地点，描述不同的景象。

案例二：从《莫高窟》中学“点面结合”

《莫高窟》是一篇游记散文，全文首尾呼应，依次介绍了莫高窟中的彩塑、壁画、藏经洞，文章很有条理。但是，在《黄果树瀑布》一课的教学中，我们已经针对文章的条理性进行了深入教学，并尝试做了相关练习，如果再重复教，难免失去了教学的意义，教学的有效性便无从体现了。为此，我细细研究教材，发现课文在介绍彩塑和壁画时都采用了同一种写法，即先罗列画面，接着重点介绍其中的一个或几个，也就是用了

“点面结合”的方法。于是，我紧紧抓住这一点，在教学中逐渐渗透，引领学生在领悟文本内容的过程中习得写作方法。

1. 彩塑部分

师：什么是“个性鲜明，神态各异”？

师：读读课文，并对照图片找一找这是怎样的谁。

师：对其中一尊卧佛的描写，你发现和其他的描写有什么不同？

小结：是的，这段文字先进行大致的罗列，接着就某一点进行更为具体的描写，这种方法叫“点面结合”。

（学生读一读，加强体会。）

2. 壁画部分

师：对照课文第二自然段的学习，请你自学第三自然段，尤其要关注内容与方法。

（组织学生交流，并强调：课文大致罗列的是……，接着，重点介绍的是……）

师：说说你的发现。

小结：这段文字同样用了“点面结合”的方式，让人对飞天部分的描写印象尤为深刻。

案例三：在习作中学习运用

本单元的“习作 5”要求学生回忆一件亲身经历的事，并练习着把事情写具体，写出自己的真情实感。在这次习作中完全可以让学生将在前两课中学到的写作方法灵活运用。

我这样循序渐进地组织教学。

首先，学“场面描写”这个技巧。

我告诉学生，场面描写是指对某一特定时间和特定地点范围内以人物为中心的生活画面的描写，一般由“人”“事”“境”组成。然后请学生进行举例，如大扫除、升旗仪式等。

接着，巧妙地引出“点面结合”。

我强调，进行场面描写时，必须分清主次，有条理地进行描述。仅仅写一点，不算场面，而面面俱到，又太泛了，所以，我问学生有没有什么好办法。

学生思忖片刻，马上想到了“点面结合”的方法。“面”即场面的全貌，类似于全景；“点”即场面的某一局部现象，类似于特写镜头。

听学生说得在理，我继续向下引导：那么，以上课为例，“面”可以写什么？“点”又可以写什么呢？学生纷纷举手发言。

我不知道这样的教学算是“作前指导”还是“作后指导”，但我必须要说的是，指导位于前还是后其实没有绝对的好坏之分，作文的指导绝不应该拘泥于先后。重要的是，学生是在怎样的情境下、以何种方式获得了指导，这种指导是不是顺应了他们的学习需求，是不是有利于他们学习能力的提高。只要是有利的，都可以在教学中加以传授。

让孩子爱上写作

大多数的孩子都畏惧写作，但他们还是要面对写作，至少要完成一单元一次的写作。

那么，孩子们的畏惧感到底从何而来呢？是他们不知为何而“作”？是他们不知为谁而“作”？是他们不知如何来“作”？抑或他们不知“作”了有何意义？

在疑惑间，我开始了本学期第三次习作练习——写信。

1. 兴趣，燃起一份渴望

课程一开始，我拿出了已毕业的学生写给我的一封信，满怀幸福地为孩子们读了其中的几个片段。幸福是可以感染人的，孩子们一个个微笑着望向我，脸上流露出羡慕的神情。生活于网络媒体年代，孩子们对于社交软件、电子邮件并不陌生，唯独与在纸页间用文字传递心声的信件远远地隔离，失却了用心书写、满心期待的珍贵的生命体验，这不得不说是一件憾事。今天，当他们与“信”这种全新的交流方式亲密接触后，内心的渴望也便随之唤起。在我提出“你想给谁写信呢？你想跟他说些什么呢？他收到你的信会怎么样呢？你有一天会不会也收到他的回信呢？”诸如此类的问题时，孩子们跃跃欲试起来。

于是，在简单了解了书信格式之后，孩子们开始写信，或者说用信的方式与自己的朋友和师长开始了对话。

2. **实践，放飞一个梦想**

既然是为了交往而写信，那么如果只是将文稿端正地誊写到本子上，就此了事，显然违背了习作要义，也违背了孩子们纯真的期望，因此，我们开始了另一种实践活动——学习寄信。首先出示信封，从认识信封表面的组成要素开始，学习查找邮政编码，同时了解编码的含义；然后学习贴邮票，同时了解邮票的由来；最后学习书写信封，同时规范地址的表达。孩子们早已迫不及待了，纷纷拿出准备好的信封埋头“苦干”起来。那细致专注的模样，那虔诚欣喜的模样，让快乐在教室内漫溢开来。写好信封，塞进信纸，将封口轻轻贴合，孩子们的心雀跃得快要飞起来了。

什么样的学习能牵动孩子们最真切的情感？什么样的学习能最有效地促进孩子们知识的习得、能力的提升、精神的丰满？那就是切合孩子天性的学习。泰戈尔说：“一切教育都是从我们对儿童天性的理解开始的。”在本课教学中，孩子们渴望着用一种全新的方式与人交流，孩子们想象着寄信之后的种种可能，孩子们盼望着会有一份惊喜在前方等待，总之，孩子们用全部的热情开始了一次探索之旅。此时，作为教师的我们，该做的便是成全，成全每一个美丽的梦想。

3. **情感，点亮一盏心灯**

孩子们收到别人给他们写的信了吗？是的，羽欣收到了我给她写的信，语蒙收到了朋友的信，而我，也收到了好几封孩子写给我的信！

有一天上午，我一个人端坐办公室，摊开信纸，开始给羽欣写信。“可爱的羽欣，你好！曹老师第一个写信的对象就是你，你有没有想到哇？开心吗？……”在信中，我赞赏着她的勤勉，肯定她是个懂事的孩子。我也告诉她，生活中总是会有磨难的，磨难会使执着的人变得更勇敢，磨难是成长路上的风景，会成为我们珍贵的记忆。写好后，我细致地贴上邮票，再将它郑重地投寄出去。过了几天，这封信又被送到了学校，只是它的主人变成我的学生羽欣了。当这封信被交至羽欣手中时，她脸上的表情无法形容：瞪大着眼睛，张大着嘴巴，一脸的难以置信，一脸的惊喜万分。她不知道该怎么办了，快速地跑进教室，想将信急急地塞进书包，又想让更多的人知晓。周围的孩子全都围了上来，“曹老师给羽欣写信啦”！这样的消息迅速传播开去，于是，一圈又一圈的孩子挤了过去，想看个究竟。

其实，最幸运的人是我，我一下子收到了九封信。子琪、滢滢、婧哲、翊宁、思琦……他们都用稚嫩的笔触倾吐着自己的心声。有感谢我教诲的，有赞美我可爱的，有向我推荐童书的，有表达自己的决心的，还有告诉我小秘密的。

随着信件交往的真正落实，此次习作的意义得到了升华。它不再只是一次简单的习作，它更是一种情感的交融，是对生命的润泽。

静悄悄地“革命”吧

人是很奇怪的，随着日子的慢慢流逝，教学之路的不断延伸，我的思考也不知从何时起转了个弯，朝另一个方向走去。蓦然回首，比较之前和之后，竟然有“革命”般的感觉。

昨天读到这样一段文字：“单纯的抒情是无力的，如果我们不能对历史、现实有一个清醒的观照，那么真正的抒情也是可疑的。一名语文教师，没有历史感与现实感，没有一个哲学的高度或者爱的宗教来统领，其所谓的审美可能最终会流向滥情和矫情，成为生命中不能承受之轻。”认同这个观点的同时，我随即联想到，单纯的感悟同样是无力的。语文课堂如果没有“技术”的支撑，没有将学生的目光引向文字的内核，引向文字的规律，引向对方法的习得，那么，所有的文字都是没有生命力的。

我暗自称此为感性向理性的回归。基于这一想法，我进行了一年的实践行动，这让我切实感受到了它的有效性。

又到一个单元习作课了，要求是以自述的方式介绍一样自己熟悉的事物，要求将内容写具体、写生动。

阅读了习作要求后，我开始思考："介绍一样事物"这个题目并不难理解，类似的题材学生也已写过，这应该不是难点。那么，什么是写具体、写生动呢？对这两个看似很熟悉的词语，孩子们到底是怎么理解的？如果孩子们对于写作要求不甚明了，又如何达成写作目标呢？

于是，我课上先将这个问题抛了出来。果真，孩子们有些惊讶：具体就是很具体啊，生动就是写得好啊，还能是什么含义呢？细细剖析，这完全是孩子们在感受层面的解读，而涉及感受的内容怎能作为习作要求来实现呢？模糊不清的表述只会混淆孩子们的认知，更会成为其学习生活中的障碍。于是我对孩子们说：不用着急，我们一起到例文中去寻求答案。最终，随着对例文内容的结构呈现，随着对例文表达的细致推敲，孩子们明白了：所谓具体，就是要将一件事物的多个方面，从多个角度（板书：多个方面，多个角度）进行描述；所谓生动，就是要运用多种表达方法（板书：多种方法）组织语言。对照着黑板左侧例文的结构解析图，以及黑板右侧对要求的具体分解，孩子们找到了内容与方法的对接，也顺畅地解决了学习难点。而且，这样的认知将会贯穿在孩子们的后继学习中，从而转化为孩子们的学习技能。

类似这样的解析我在很多次教学中都渗透过。例如，学习《说勤奋》时，和孩子们一起学习做主题演讲时对例子的选择、话题的揭示、结尾的号召；学习《李时珍夜宿古寺》时，和孩子们学习环境如何衬托人物；学习《维生素C的故事》时，和孩子们学习如何描述一波三折的心情；学习《奇妙的国际互联网》时，和孩子们学习引号的妙用，学习介绍一样事物的多个方面。

我不想说自己思维方向的转变会对孩子们的学习带来多少改变，只希望自己能在平常的教学生活中常怀"革命"之心，常思"革命"之事，"尝"试"革命"之举，那样我们的教育是否就会有所不同？

每一天都是新的

每一天都是新的。只是人们更愿意像模像样地找一个自以为新的起点，然后做出很多的规划，仿佛从这一天开始，一切都不同了。然而，或许你也会和我一样懊恼，因为，有一天你终于发现，日子并没有多少改变——还是一样的事情，以及一样的借口。

正式上课有几天了，我每一天的感受都不同。

第一天，我巧妙地完成了一次说话与写话的对接。开学典礼后回到教室，学生显得有些躁动不安，显然，此时直接教学并不合适。于是，我顺着开学的话题，组织学生开展“暑期生活故事会”。当然，一定要明确要求，且要字字清晰地写在黑板上，因为讲故事与日常聊天是不同的，它是一种语文的基本技能。就这样，在给学生充分的准备时间的基础上，我们用“抓阄”的方式选出若干学生上台交流，并分别给予讲演者与认真聆听者小小的奖励。学生们的表现别提多好啦！徐易立先上台讲起他到同学家做客的事，真是滔滔不绝。徐易立的讲述让人忍俊不禁，但我不能光顾着笑，而应继续悄悄扮演好教师的角色：“你听出徐易立到底和同学做了哪几样活动吗？哪一样最有趣？徐易立，老师告诉你，你的口才真不错，不过你如果每次说事情都要从头开始，事无巨细地全盘托出，那样一定很累吧？同理，我们大家听得也有些云里雾里，所以你看看怎么办才好呢？”他很聪明，一下就明白了我的意思，便答道“应该是重点事重点说，有所取舍会更好”。第二个是婧哲，接着是小姬，最后是我。我们一起听听、笑笑、说说、评评，好不快活，与此同时，我也巧妙地将那些说话、写话的技巧指导藏在了这个对话过程中！但是时间有限，我们没办法一一说下去，真是太遗憾了！于是我找准一个点，顺势而为：“这样吧，反正课本上的习作 1 要让我们写一下假期生活，不然我们现在就开始写吧，就当作对故事会的延续？”“好！”大部分学生随声附和。“具体要怎么写呢？其实很简单，只要把刚才提到的对于说的要求改成写的要求就可以了。”我指着板书，学生纷纷点头会意。于是，教室归于平静，大家开始陷入思考，我相信，又有许多新的好的作品要诞生了。

第二天我也很得意，因为在教学中，我以一道“模拟调查石梅小学历史”的实践题为主线，对培养“勤于收集资料”这一习惯做了细致的指导与落实，而且效果很好。之所以称其为模拟，是因为我们当堂没办法进行实际的操作，但我们依然在积极的交流中了解了很多具体的方法。比如，上网搜索——在搜索引擎里输入“石梅小学　历史”，搜索时要输入查找内容的关键词，如果有多个关键词则中间空一格，这是我补充的内容，他们应该知道最为确切的可操作的方法。又如，采访校长，校长当然了解这所学校的历史，但是校长工作很繁忙，我们该如何开展这次采访活动呢？我引导学生对细节进行深入的探究。学生知道，采访前要做好充分的准备，拟好相关问题，同时要提前与校长约定好时间、地点等，要准时到达，采访时要礼貌提问、认真倾听、细致记录，等等。学生想到的方法还有很多，如实地考察、翻阅资料等。就这样，将空洞的说教融合在具体的情境中和话题里，学习的效果就明显不同了。

每堂课都是不同的，但相同的是每一天都在更新，都在进步，也都在朝前走，就像流水一去不复返！

《卢沟桥烽火》这篇课文作者花费了较多笔墨描写了我军与日寇交战的场面，并按照时间将其划分成三个小节，分别是“1937 年 7 月 7 日深夜”“第二天凌晨”和“当天晚上”。

为了让双方的形象更清晰地凸显出来，我给学生布置了一个小任务，让他们按照三个时间段，分别找到体现双方不同表现的关键词，然后填写在相应的表格里。今天课上，这张小小的表格发挥了很大的效用。

首先，学生拿着表格上台展示交流，并请其他学生补充完善，由此逐渐将整个交战过程联系起来，形成较为完整的感知，之后，在让他们借助表格复述课文时，学生大都可以轻松地完成。

接着，我让学生再次观察表格内的词语，尝试着能有所发现。很快便有学生举手，辨别这些用词的感情色彩，即描写日寇的都是贬义词，而描写我国军民的都是褒义词。在此，我对学生强调，写作用词的选择决定了所要呈现事物的面貌，因此要多加斟酌。“还有发现吗?”我继续追问——往往，进一步观察与思考通常能通向思维的深处。学生一时有点茫然，没人说话，我给出提示：从写作的角度来看看。学生似乎有点明白了，有的说，整个过程很有条理；有的说，三个片段各有侧重点，第一个重点写日军，第二个写双方的表现，最后一个侧重写我军，并通过日军的狼狈来衬托我军的英勇。说得真好，不仅知道文章写了什么，还知道是怎么写的，学习已经从感知、感悟拓展到了技能、策略的层面，让课堂教学也随之饱满起来。但教学还不能就此结束，要让所学为我所用，才能培养学生的能力，实现真正的内化。我继续问学生：“生活中，什么情况下双方的活动会交织?”“打篮球、踢足球……”学生不假思索地回答。“如果现在再让你来描写这些活动的画面，你会怎样安排文章的结构?”学生豁然开朗——原来可以将整个过程进行划分，然后找到不同的侧重点进行描述……当然，由于时间关系，我并没有让学生当场写，但是我相信，这种方法已经传递给了学生。

今天早上，我再次和他们读了屠格涅夫的《乡村素描》，所以，今天，我想让学生也试着来素描一下自己的生活。会读到他们的精彩作文吗？我很期待。

只教“典型”

已经几次对学生进行写人作文的指导了，每次都有不同的收获。暂且把前一次和这一次放在一起比较一下。

上一次教学时，主要是以《师恩难忘》一课为例，对学生强调了如何选取典型事例为人物形象描写服务。之后，又从典型事例开讲，研究了如何把事情写具体。最后，又结合《我的老师》《我最好的老师》两篇例文，指导学生写出自己的情感。整节课主要围绕三个要点展开，我自以为层次比较清晰了。

可是，再次教学的时候，感觉知识点太多了，不够集中，弱化了教学效果。因此，我把本次教学目标设定在“典型”一词上。

师：还记得《师恩难忘》一课中刘绍棠是怎样写田老师的吗？

生：写了田老师在课上给他们讲故事的事。

师：是的，就是以一件事例（板书：事例）为主要内容来展开回忆的。可是，田老师教了他四年，应该发生过很多事情，作者为什么只挑这一件来写呢？

生：我觉得是因为这是刘绍棠上学时听到的第一课，所以印象很深。

生：我觉得是因为田老师特别会讲故事，作者很爱听，所以要写。

师：看来，因为印象深刻，特别难忘（板书：难忘的），所以要写下来，对不对？还有其他原因吗？

我继续追问，不是因为学生还没给出我想要的答案，而是希望学生的思维能够更深入一些。果然，其他同学还有想法。

生：因为书上说“这些故事，有如春雨点点滋润着我”，所以刘绍棠后来成了一个大作家。

师：哦，作为一位著名作家，是田老师给了他文学的启蒙，田老师讲故事就是最好的证明，是不是？可见，这个事例很有说服力（板书：有说服力）。这种特别难忘，特别有说服力，能把老师某一个特点突出表现出来的事例，我们就可以称之为典型事例（板书：典型事例）。

为了进一步巩固认知，我又换了一个角度继续追问。

师：那么，我如果再写一个事例，写“我”生病了，田老师来关心“我”，好不好？

学生一个劲儿摇头，说道：“轨道偏离了。”看来，对于“典型”一词，学生已经有了一定的理解。

接着，我层层递进，进一步指导学生如何去写事例。事实上，如果选好典型事例是写作前提的话，能把事例具体地写出来则更为关键。

师：看来，要想写好一个人，突出他的特点，最终还是要写好事例。那具体要怎样写呢？再来读一篇文章——《我最好的老师》。

这篇文章是大卫·欧文写的，主要通过老师上课时的两个例子，表达了老师教育学生要始终持有怀疑精神。文中主要以教师怀特森的语言以及作者内心的想法（告诉学生，这是人的第二语言）相串联，最后，还从侧面举了一个例子来进一步烘托主题。

我们边读边赏边剖析，读完文章，学生对于如何选取典型事例有了更加清晰的认识，同时，也对如何把事情写具体有了一定的体会，并最终归纳为写好语言、动作、神态、心理语言，也可以换一个角度来烘托。虽然这些已经是老生常谈了，可是一旦结合具体的文章来说的时候，它就变得可感且形象了。

最后，我始终没有提及“情感”的话题。我想，当学生脑海中浮现出一个老师的形象，并决定要写这位老师的时候，他自然会饱含情感，自然会将这种情感在词句间流露出来。再者，这节习作的重点就是让学生牢记“典型”一词，再扩散出其他内容，就会分散学生的注意力了。

比较两次的教学，变化最大的是第二次教学舍弃了有关“情感”的教学。事实上，在教学如何选取典型事例时也是不太一样的，第二次教得更为细致，既有正面的例子，也有反例，之后还进一步深化了印象。

我想，学生今天应该会记住“典型”这个词以及它背后隐藏的意义。

（后续：这原本是我颇为满意的一堂作文课，却在批阅学生的作文草稿本时受到了打击——大约有三分之一的学生写作字数没能达到400字。最大的问题是，选取了典型事例之后没能具体展开来，或者是没有再找第二例甚至第三例加以丰富。可是，关于如何将文章写具体也已经在课上做了指导，学生最终没能在作文中将此反映出来，问题到底出在哪儿？究竟是不会写？马虎了？还是什么？下次课再去了解个究竟。）

什么是人文

教完“说心里话”这堂作文课，我有不少感触。

我之前的设计是这样的：（1）揭题。用一连串较动情的语言鼓励学生把心里想说的话说出来，然后请学生交流自己会选择跟谁说心里话；(2) 指导。结合例文学习如何把心中的话（通常是一件事）写得有顺序、有细节、有真情实感；(3) 习作。请学生开始回忆并写作。

上课时我临时做了以下调整。

揭题。我来到卓奕的身边，将我心里对他的夸赞悄悄地说给他听，然后说说彼此此刻的感受，接着面向大家，告诉学生：每个人的内心都会藏着不为人知的事情或感受，有些是快乐的，有些是伤心的。可是，如果一直将心事藏在心里，是不利于身心健康的。要知道，将快乐的事和别人分享就多了一份快乐，将伤心的事和人分享就少了一些伤心。所以，我们要勇敢地向家人、朋友或师长倾诉自己的心里话。

指导。借助例文，在学习如何写好一件事情的基础上，更多地将目光聚焦到对人的心理描写上来。通过创设两个情境：(1) 昨天，高老师宣布今天会有新加坡的同学到我们班级里来时，你心里在说什么？(2) 刚才老师和同学在说悄悄话时你心里在说什么？通过这两个情境让学生明白，人有两套语言系统，一套是日常的言语交流，还有一套是心里的话。这节课的写作将重点关注我们自己心里的话，传递我们内心最真挚的感受。

交流。鼓励学生在现场找一位伙伴，跟他说出自己的心里话。

习作。在对学生提示了写作时的题目、语言表达的方式等一些小细节之后，学生开始写话。

写作的至高境界也许是“我手写我心”。但这句话说起来容易，做起来非常难。尤其是学生习作，我们提出的更多的是外在的要求，与学生的内心还相去甚远。

反观本次习作教学，原先的设计很平常，很规范，基本是站在工具的层面，告诉学生可以怎么写；而修改后的教学，则更多体现出了人文气息，努力想传递给学生的是，每个人都要学会倾诉、分享，这样，我们的身心才会更健康、更愉悦。之后，让学生通过亲身体验来真实地触摸自己内心的感受，最后的写作也就是心里话的自然流露了。

有意思的是，在分享彼此的心里话时，好几个学生都来到了我的身边。有的告诉我，她在生日时悄悄地将一小块蛋糕塞进了妈妈的包里；有的告诉我，她前一次习作时有一部分内容参考了作文书；还有的问我，他很讨厌一个同学怎么办；等等。我对他们一一说出我的想法，然后他们满意而归。当然，更多的是同伴间的分享，学生的表情各有不同。最后，我问他们：“当你把心里话终于说出来之后感觉如何？”学生们都笑了，直呼“很舒服、很轻松”。我又一次郑重地告诉他们：“要记住此刻你的感受，也要记住，无论你遇到了什么难事，甚至做了什么错事，都要勇敢地找人倾诉，你最好的倾诉对象永远是你的爸爸妈妈，当然还有你的朋友。作为老师，如果你们愿意将心事和我分享，那将是我最大的幸福。”

做做“加减法”

又到习作课了，这节课是写参观记或游记。我们已多次写过类似的文章了。

于是，上课伊始我便问：“知道今天写什么内容吗？你们会写吗？”不出我所料，孩子们很自信地说：“会，要按照游览顺序有条理地写。”“好，那我就现场考考大家。如果让你来写石梅小学，你会选取哪些点来写呢？”我顺手在黑板上画了一条线，帮助孩子们整理游览线路。小手陆续举起，有的说：“可以先写校门，然后是中央大道，接着写两侧的操场和教学楼，最后写桂花亭、后山。”今天的习作难道真的就只是“老话重提”吗？看看课本后面的“习作提示”会发现，这篇习作，以作者游览龟山汉墓为主线，重点介绍了汉墓的甬道、墓室、排水沟，突出了被誉为“中华一绝”的汉墓到底“绝”在哪里。“习作提示”中概括了这一写法，也要求学生仿照例文的写法写一篇参观记或游记。也就是说，本次习作的重点是要让孩子们围绕某一个特点来进行介绍。孩子们通过阅读例文与提示也明白了这个要求，于是，我们再次回到“石梅小学”的话题。

“如果让你概括一下我们学校的特点，你觉得是什么呢？”既然要抓住特点来写，当然首先就要知晓其特点所在。孩子们各持己见，有的说美，有的说古老，有的说书香气息浓，等等。“那么，以古老这个特点为例，如果你要突出石梅小学的这个特点，在原来设计的这条路线当中要如何进行删选呢？要加些什么，减些什么？”孩子们兴致勃勃地思考起来，有的说，可以突出写校门处那块牌匾，将中央大道删去，操场删去，桂花亭要重点写，还要加上桂花亭里的石缸、阅览室以及后面的枇杷园，再写后山的卓尔亭。孩子们说得极有道理，我继续追问：“如果要突出学校的书香味呢？”这一次，我尝试请那些不太发言的孩子发言。没想到，他们的“加减法”做得也很不错，说是减去大门，减去操场，加上教学楼的布置，加上与读书台一墙之隔的假山，加上桂花亭里经常开展的一些读书活动，等等。显然，对于今天的“加减法”，他们已经真正地掌握要义了。最后，再回到他们将要撰写的内容上，让他们仔细审视预先设计的“路线”（前一天布置的预习作业），郑重地做一次“加减法”。可想而知，他们完成得很棒！

其实，教学需要的更多的是实实在在的策略与实践，而非反复、空洞的说辞。

同样是写人，怎么教

今天的作文课要求写的是自己喜欢或者崇拜的人，而上一次的作文课同样写的是人，是写一个小能人。

面对这样两堂作文课，我该怎么安排教学呢？

片段一：明确要求

师：读读这次的习作要求，再和上一次的比较一下，看看两者有什么不同之处。

（学生自学。）

生：上次写的是一个人的特长，这次写的是一个人的特点和品质。

生：上次是写身边的小能人，这次可以写革命前辈、英雄模范等，也可以写身边熟悉的人。

师：还有吗？

生：这次要写出人物的外貌、动作、语言、神态等，来表现人物特点。

（随着学生的交流，教师相机板书关键词。）

片段二：例文引路

我朗读上一次习作中的一个事例片段，请学生点评，要求他们重点关注语言表达方式。接着问学生：“就这一次习作而言，你们觉得本单元中的哪篇课文是最好的例文？”学生异口同声地回答：“《彭德怀和他的大黑骡子》。”

的确，这篇课文讲述了彭德怀为了让更多的士兵能走出草地，下令杀了自己的坐骑大黑骡子的感人故事。故事的后半部分用了极其细腻的笔触将枪杀大黑骡子的过程不断分解、拉长，通过对人物细微的表情、动作等的刻画将彭德怀内心的复杂情绪渲染得淋漓尽致。此时，请学生回到这篇课文，再次默读，用心体会，对什么叫“写出人物的动作、语言、神态”已经不用做过多的解释了。

片段三：讨论明晰

教学至此，学生对于本次习作的要求和表达方式已经较为清晰了，但是，清楚了并不代表会写了。学生必须亲身经历一次选材构思的过程，才能真正落笔。为了降低习作的难度，也为了保证学生基本都能写出符合本次习作要求的文章，我请他们先拿出课前收集的相关资料，再在四人小组内就选择的人物和所举的事例、写作时如何凸显细节等内容进行深入讨论，重点是要帮助能力稍弱的学生。在小组成员共同合作、互相补充的过程中，学生自己的习作开始逐步成型。

第三节 保卫童年，让学习自然发生

童年是什么

童年是什么，
你知道，我也知道。
童年就是头发蓬乱的小子
捉蝴蝶，捕知了。
童年是什么，
你知道，我也知道。
童年就是脸蛋红红的女孩
跳皮筋，荡秋千。

学生：陈薇

守望课堂

教师的生命舞台在课堂上。

以一位语文教师每周上 7 节课来计算的话，一年约要上 280 节课。那么，十年，三十年要上多少节课？则更是难以计数的了。

不是在数落课时太多，我想的是，当一节一节的课累积起来，成为我们最日常的生活方式的时候，我们是否会在不自觉间忽视了什么？遗忘了什么？或是擅自改变了什么？肆意添加了什么？我们是否只是扮演了课堂“流水线”上的一名工人，自顾自地将手中的零件拆分再组合，成为这一瞬间它们至高无上的主人？

我听了三堂同一课题的课后，却看到了三种目标、三种内容，以及三种可能的结果。

第一堂课是由“酒”这个话题开始的。教师和孩子们回忆了生活中饮酒的画面，诵读了古诗中写酒的诗句，旨在让孩子们明白，欢庆、送别、壮行时，酒都是一种心情的表达。酒不也是一种文化吗？只是，教师的话题就此突转，“酒多了，话多了，事儿也就多了”！于是，在教师的要求下，孩子们开始努力回忆自己见过的醉后百态。在这个过程中，教师不忘从人物的神态、动作、语言等角度引导孩子们把话说具体、说完整。从口语交际的目标来看，告诉孩子们怎么表达显然是合理的，让孩子们就生活中的观察所得来谈也是适宜的。只是，让刚刚还沉浸在诗情中的孩子突然将情感转为对于人们酒后丑态的揭露，这实在有点跳跃，有点突然。然而，这绝不是课堂的“高潮”所在。接着，教师出示了一则关于酒后肇事给他人造成伤害的案例。在接下来的教学中，我们听到了一连串的质问、讨伐，直至将肇事者认定为坏人，甚至是千古罪人！哪怕他是一时失误，哪怕他曾经善良地资助过贫困儿童。课堂在一片愤愤然中结束。

这是一节什么课？我对此很糊涂。是一节以酒为话题指导学生进行口语实践的课，还是用口语交际的方式进行思想教育的课？

这节课的目标预设是什么？我对此还是糊涂。是围绕主题进行言语实践以提高口语表达能力，还是凭借一个案例达成抨击饮酒行为的目的？

上完这节课，孩子们心里留下的是什么？我对此似乎不甚糊涂。在孩子们愤恨的表情里，在孩子们犀利的言语里，我分明看到，一颗颗恨的种子种在了孩子们的心田。

第二堂课本身并不出奇，教师中规中矩地讲完了课本上所呈现的内容，即选择生活中的一件小事、一句格言、一幅漫画来谈谈自己所受的启发或引起的思考。教师极有条理地出示要求并逐条解释，接着让学生分组练习，上台交流，组织评价。其实，我本不该带着主观意识进行对教师的描述，只是，我想到了我经历或聆听到的无数口语交际课，在这样的平铺直叙中，在没有语境创设的平常氛围中，学生是很难真正有表达欲望的；

即便有，大多也是漠然地服从罢了。

第三堂课“最好玩儿”，这是课后一个孩子说的。好玩儿在哪儿，孩子没说。我想，应该是因为教师教学方式比较别致与精心吧。比如，让发言精彩的孩子把名字写在黑板上，教师下蹲倾听孩子的发言，请孩子踩上凳子感受“拔节成长”，教师用充满智慧的话语应对和引导孩子，等等。只是，对出彩的教学形式掩盖下的内容，我则有些无法苟同了。课堂是从探讨何为“以眼还眼，以牙还牙”开始的。接着，出示了一则大学生失去理智，枪杀了32个同学的血腥案例，那一刹那，孩子们个个显得惊恐无比。然而，教师竟然让孩子们发挥想象，淋漓尽致地描述：如果是你，你将如何“以眼还眼，以牙还牙”？从孩子们口中冒出的是多么可怕的话语啊，这位教师居然还大声赞扬着这些想尽恶毒的报复手段的孩子，还请他们将自己的名字写在黑板上！孩子们是多么雀跃，小手林立间遍布着血淋淋的句子！我再也听不下去了，痛苦得几乎想要哀求了！就这一个环节，足足进行了五分钟之久。多么漫长而可怕的五分钟！虽然，在层层推进的教学中我们终于明白，这是教师欲擒故纵的教学手段，他的主旨是向善的，是指向博爱与宽容的，但是，谁又能抹去这五分钟的教学对学生的负面影响呢？只能希望，孩子们不要像我这般有深刻的不美好的记忆。

我是在听完三节迥异的同题课后想到了课堂的，而且是郑重其事地想的。

首先，课堂是什么？课堂是传播知识、挥洒智慧的地方；课堂是思维碰撞、思想对话的地方；课堂是传承文化、追逐理想的地方；课堂是承载着师生生命旅途中充满了真诚、善良与美好的一次次独特的经历的地方。“每一次都是重新开始”，对于课堂，更是如此。那里承载着许多纯真的、跃跃欲试的生命。那些对于课堂保持着无限虔诚与期待的清凌凌的心是多么激动而欢欣地拥抱着每一个新知，且从来不辨真伪。这些才应该是课堂的要义所在。

其次，课堂要教什么？就语文课堂而言，王荣生教授认为，一堂好课的基本标准是教学相对集中的“语文”的内容，要“凸显文本的语文核心价值”，而适当弱化文本中可能隐含的其他的教育价值，如思想品德养成价值、生活能力指导价值等。由此可见，就具体的课堂而言，更应该教学的是在一定体例下的学科内容和教材内容本身，并非是随心所欲的夸夸其谈，或是“别有用心”的思想熏陶。这才是教学的要义所在。

然而，事实又是什么？

且不论课堂在无趣的大背景中日渐消逝的生命色彩，仅以今天的课堂为例，我们便看到了一种随意、一种分离、一种剥夺……教师游离于既定教学之外，自以为是地呈现出为其终极价值引导而服务的材料。以个别案例为全部话题，将学生的思维、情感、判断等引向教师所指，等所有学生的观点最终与之达成一致时，课堂教学也顺利结束。也就是说，课堂的目标预设更多来自于教师的个人价值取向，课堂上呈现的更多的是来自于教师的左牵右引，课堂教学的结果也便不言而喻了。

我忍不住想要追问，是谁给了教师这样的特权？

我禁不住也要反思，我又何尝不曾滥用过这样的特权？

今天，在痛苦与煎熬中听完三堂课，看着孩子们兴致勃勃的纯真模样，我心生愧疚与懊恼。一节又一节课，便是一次又一次的改变，一段又一段的旅程，它关乎孩子们点滴生长的印迹！岂容漠视？岂容肆意而为？

让孩子主动学习

策略一：从参与目标设置开始

前不久我聆听了一堂实践课——《夹竹桃》，研究主题是“学生的自主学习”。课始，一名“小老师”上台引领大家背诵诗句，接着，又一名“小老师”上台组织上课，从揭示课题到初读课文，再到合作交流，一板一眼，煞是干练。直至课堂的后半部分，教师才款款上台。

课后评议时，教师们对此褒贬不一，有的说这样的形式比较新颖，能激发学生主动学习的兴趣，也有的说这样的自主只是一种形式，教师的认识有失偏颇，等等。

细细观察与思考后不难发现，这样的课堂在一定程度上演绎着“主体性神话”①，即一味趋向学生的意愿，一味放大学生的地位，一味放开学生的活动。学生的主体性无限膨胀，主体地位被绝对化，最终成为被“神化”了的“伪主体”。

反观我们的教育，这样的“伪主体”现象比比皆是。如主体参与的表面化，即追求天马行空式的交流却不自觉地脱离文本，追求朗读表演的热热闹闹却缺少对人物内心的静心揣摩等；又如，主体对象的片面化，以部分学生的自主性取代所有学生的自主性，上文中的“小老师”便是如此。

“主体性神话”的课堂虽然体现了学生的主体意识，却并没有真正凸显主动学习的本质，这还需要不断完善，需要从目标设置开始调整。

目标设置是一堂课的起点，是课堂实施的基础和前提，也是教学评价的依据。要真正唤起学生主动学习的愿望，让他们参与到课程内容的建构中来，就必须从参与每一堂课的教学目标设置开始。而这种参与通常是发生在课前，有时也会在课堂上即时生发。

例如，在教学李清照的《如梦令》和张志和的《渔歌子》两首词时，学生在预学单（教师针对学生课前自主预习设置的学习单，包括“字词识记”“课文感知”“拓展链接”等栏目）上提出了如下几个问题。

为什么要连续写两个“争渡”？

为什么渔翁下雨了还“不须归”？

这两首词想表达作者的什么情感？

词和古诗有什么不同？

……

这些问题提问的角度各有不同，也都具有探究价值，因此在研究了新课标的要求以及文本的特点之后，我将本课目标定位为以下三点。

1. 联系内容，用给这两首词取名字的方式理解词意，想象画面。

---

① 佐藤学．静悄悄的革命——创造活动、合作、反思的综合学习新课程［M］．李季湄译．长春：长春出版社，2003.

2. 联系背景，了解作者的内心情感。

3. 联系旧知，比较词与诗的不同。

由于本课的目标设置基于学生的真实学情，源于学生的真实疑问，因此，在课堂上学生都能积极思考，参与讨论，在不断解惑、不断深入中实现真正的学习。反之，如果目标设置只是教师的个人行为，那么，课堂上就难免会出现杂乱无章的知识堆集现象。这样的教学目标传递的更多的是教师的“旨意”，学生只是被训练的对象而已。

当然，让学生参与目标设置的方式除了直接质疑，还可以从他们完成预学单后的反馈入手，可以根据他们对于课文内容的感知来确定教学重难点，根据他们的课外阅读情况来形成学习的主题等。

此外，目标设置也是生成性的，因为“教育即生成”。面对预设之外的学习状况，教师也应该及时调整教学目标，一切从“人”出发，一切服务于学生的发展。

例如，教学王宜振的儿童诗《秋天》时，我的目标预设是从课题入手，让学生回忆相关成语，丰富感知，然后开始课文学习。但在我刚开始说“秋天，一点儿都不陌生，它是……”时，就有学生脱口而出：“季——节——”旁边的学生也纷纷点头。显然，学生关于秋天有自己的认知，而预设的成语积累外在于他们的内心体验，将他们置于被动学习的状态。于是，我适时调整目标，引导他们就“在我眼里，秋天是什么”来发表各自的观点，再结合生活中的现象进行具体描述。在此基础上，再进入课文，与作家眼里的秋天比较异同。调整后的目标预设顺应了学生的思路，建立了文本与学生的原有体验的联系，也建立了作者与学生的联系，让学生站在了课堂的中央。

雅斯贝尔斯说：“当学生真正体会到自己的学习主体性得到了尊重，而没有外在强迫时，他们才会愿意改变自身。”[①] 我想，所谓“愿意改变自身”的过程，其实就是主动学习发生的过程。

① 雅斯贝尔斯．什么是教育［M］．邹进译．北京：生活·读书·新知三联书店，1991.

策略二：须“从属于”教师引导

主动学习的主体是学生，因此，学生必须是整个学习过程中的主角，是亲历者。然而，日本学者佐藤学告诉我们，学生的“主体性”要求的“谦虚”正是源于“主体＝从属”的思想根基。也就是说，学生的主体性是建立在其应有的从属关系中的，它是一种制约下的自由。显然，教师作为教学组织者，作为更充分的教学准备者，在某种程度上对文本理解得更深刻，因此应该就是学生“从属”的对象之一。所以，学生的主动学习须“从属于”教师的引导。

首先，教师的引导要考虑学生的最近发展区。如对《金子》一文中关于“默默地挖掘”这个点的理解。

生：我读了“默默地挖掘”，好像看到了彼得弯着腰在不停地干活，累了就敲敲自己的背，我觉得他是一个不愿意被人注意的人。

师：这个是你的猜想，老师觉得不太准确，你觉得还能读出什么？

生：……（说不出）

师：比如，我们班上有一个小朋友是个小书迷，课间他总是默默地在看书，你觉得他是怎样看书的？

生：他很用心，很投入。

师：可见彼得——

生：也很用心，很认真地在干活。

在上述片段中，学生始终处于主动思考的状态，但是，由于自身知识背景的局限，他总是存在着与所要达到的解决问题的水平之间的差异，这就形成了最近发展区，如对问题理解得不到位，思考得不清晰，表达得不确切，心理机能不成熟等。当学生的思维变得模糊不清的时候，恰恰是教育真正发生的时候。教师在此时的引导就是一种适当的行为，能带给学生“拨开云雾见月明”的感觉，学生的学习质量也能在解惑的过程中得到提升。

其次，教师的引导更多地体现在为学生铺设一条主动探索的路径上。如教学《寻隐者不遇》一诗时，我两易其稿。

【初稿】先出示后人对这首诗的相关评论，引出这首诗的特色，即含糊其辞，妙在其中。然后请学生理解这两个词的意思，之后回到古诗本身去探究：究竟含糊在哪儿？妙在哪儿？

【二稿】带领学生简单理解完诗意之后，抛出话题：这首诗一共有二十个字，意思明白浅显，为什么却能成为经典之作流传下来？它到底有什么特别之处？请学生自由讨论，发表观点。学生在彼此对话的过程中逐渐领悟其妙处，即诗中藏着隐者，诗中藏着问题，诗中也藏着作者的心情变化等。至此，教师和学生一起总结出“含糊其辞，妙在其中”的特色。

两相比较，显然，初稿中教师是课堂的主宰，是权威——告诉学生，然后由学生去印证。后者呢？是从学生的内心出发，点燃他们的好奇心，让他们自己去探究，去发现，最后帮助他们梳理与归纳。在整个探究过程中，学生的思维未被束缚，每个人都有各自的发现，每个人都能体验思考的辛劳与快乐，每个人都是学习的主宰。

我们知道，人类的潜能是巨大的，如果环境能提供足够的条件，潜能就能得以开发和释放。虽然学生的学习从属于教师的引导，但教师应该始终相信学生，始终致力于给学生提供空间，让他们真正奔跑于知识的田野上。

策略三：要改变学习内容与方式

学生只有通过真实的学习，改变获得学习内容和资源的路径，才能够真正获得一种有利于个人核心素养养成的学习经历。我认为，需要改变的既包括内容，也包括方式。

改变学习内容不是否定知识的基础性，而是更加强调知识的运用性。只有将所学内容为其所用，不断生长，才能真正被学生所掌握。如在教学公益广告用语的设计时，我先请学生交流在生活中看到过或听到过的印象深刻的广告，接着一起通过讨论发现其特点。学生认为，这些用语有的比较直白，有的讲究对仗，有的会举例子抓细节来凸显其特点。有几个学生特别投入，边说边演绎起来，拍着自己的肚皮，“垃圾桶摸摸自己的肚子，说，我实在是吃得太饱了”。全班学生大笑之余，我意识到，他们感兴趣的绝不仅仅是一句广告语，而是一个融画面、音效等为一体的综合性的东西。因此，我及时对学习内容进行了调整，变设计一条广告语为当一回设计师，呈现一种立体的广告效果，并择优在班内展示。

又如，教学习作《说说我的心里话》时，教师可以先把自己的心里话说给大家，然后也让学生去找一个朋友说说自己的心里话，去体会与人分享的快乐，最后写下来。在教学生写调查报告时，师生一起选择话题，设计问卷，收集数据，分析整理，最终形成完整的报告等。将学习内容与实践相联系，与生活相联系，让学生通过解决问题来掌握知识、发展能力，这才是真正的“以生为本”。

改变学习方式的核心要义就是将单一的被动式学习变成多元的主动式学习，包括自主式、探究式、合作式学习，当然也有接受式学习。如在教学习作《给教师的一封信》时，我首先用心地给孩子们写了一封信，在信中，回忆了彼此相处的很多往事，表达了对他们的喜爱与不舍，孩子们看了都极为感动。然后我请他们也写一封信，并且要写在信纸上邮寄给老师，老师将会永久珍藏。这样做，改变了交流的方式，也改变了呈现的方式，学生也就不再把它当成一项写作任务，而当成了一次主动表达机会。

当然，对于学习方式的选择也应视教材特点、学生实际、教师特长等方面而定，不能一概而论。如组织合作学习（这里主要指小组合作）也并非多多益善，它应该聚焦于学习的核心、疑惑处，达到抽丝剥茧的效果；反之，合作过于泛滥则会流于表面，事倍功半。如教学《谈礼貌》一课，很多教师会选择请学生自选文中的一个故事来合作表演，从而理解文中的道理。然而如果细细推敲，这几则故事都很简单，学生一读即懂，表演只是形式的活泼而非思维的活跃。再审视文本，三个故事都有各自的侧重点，且层层推进，这使得论证过程清晰严谨。这样的文本特点不是一眼就能发现的，需要学生深入思考与比对，教师可以在此处设置合作讨论，引导学生去探究发现。

“学”字最初的象形含义是小鸟练习飞翔。我想，小鸟要真正学会飞翔，绝不是被教导出来的，而是在一次又一次的练习中，在一次比一次飞得更高的体验中完成的。不试着飞翔，就永远学不会飞翔，学生的学习也是同样的道理。只有让学生真正参与学习、体验学习，他们才能主动学习、学会学习。

在对话中学习

一、什么才是真正的对话

什么样的对话才是真正的对话，才能指向真正的学习呢？

思考一：从情感力角度看，对话是一种需要

每个人都有与人交流的内在需求，很多时候这种交流便是对话。遇到烦恼，我们需要找人倾诉；遇到开心的事，我们需要找人分享；遇到困惑，我们需要找人商量。在这个过程中，我们能体会到倾诉的快意，体会到交往的温暖，体会到解决问题的喜悦。这样的经历使得我们的情感更加充沛，对话的内驱力更加强大。情感推动注意，注意推动学习。积极的情感体验最终能转化成主动的学习。

思考二：从思维力角度看，对话是生成智慧

脑科学研究表明，学习就是学习者建立神经网络的过程，即用联系产生意义。让所获取的信息转化成有意义的知识，进而在具体的问题情境中转化成智慧，对话是最重要的途径。因为对话的意义之一就如中国社会科学院研究员丁东说的："思想的闸门打开之后，彼此相互启发，相互碰撞，许多新的观点就会跳跃出来。""相互启发，相互碰撞"就是在建构一种联系，"新的观点"就是生成，就是智慧的源泉。

思考三：从实践力角度看，对话是更好的生活

对话源于生活，又应用于生活。苏联文艺学家米哈伊尔·巴赫金认为："生活就其本质说是对话。"反之，对话的本质也应该是生活。只有将对话与实践联系起来，将对话着眼于具体的生活，对话才会具有生命力。换个角度说，实践也是对话的通道，只有亲历实践，才能学会对话，也才会有高质量的对话，从而让生活变得更好。

有了关于"对话"的正确认识，才能将我们的教与学导向正确的方向与途径。

二、从自我思考走向对话

要形成高质量的对话，首先要让对话者有对话的需要与热情。但这种需要不是自发产生的，它要求每个参与对话的人对讨论的话题进行深入思考，初步形成自己的见解。在此基础上，才能通过对话不断推进或者否定彼此的思考，促成思维活动中观点的碰撞与生发。而且，思起于疑，对于话题的质疑，对于自我思考的质疑，对于对话者的质疑，都将是新一轮对话的起点与突破点。

要想实现学生的自我思考，首先就要给学生提供思考的空间与渠道，其中，让学生自学文本并完成预学单是一种较为有效的方式。

如在教学《半截蜡烛》一课时，学生在预学单上提出的问题主要有以下三个。

1. 课文为什么要以"半截蜡烛"为题？

2. 为什么小女儿能取得成功？

3. 作者写这个故事主要想表达什么？

学生的疑惑即是学生的思考，也是教学的重点。同时，本课的细节描写亦是一大特色，它对于人物形象的烘托起到了至关重要的作用，也是解决上述问题的文本依据所在。因此，细节描写同样是教学重点。

基于学生的思考与文本特点，我们的课堂对话是这样展开的。

片段一：关注课题

师：在没有读课文之前你读到这个题目，当时心里是怎么想的？

生：觉得很奇怪，为什么是半截蜡烛而不是一支蜡烛？

生：我很想知道文章会写些什么？

师：嗯，题目能很好地激发我们的阅读兴趣与期待。那么，在了解了课文内容之后，你觉得课文为什么要以“半截蜡烛”作为题目呢？

生：因为这个故事就是由半截蜡烛引起的。

生：因为这个故事就是围绕半截蜡烛展开的。

师：也就是说，“半截蜡烛”就是文章的主要内容，这样取文章的题目能很好地突出重点。那么，在学完了整篇课文之后，我们是否还会有新的发现呢？这个问题留待后面再讨论。

这段对话围绕课题展开，既巧妙地渗透了为文章取题目的方法，又与课文的主要内容引发了联系，还作为一个悬念将思考延伸至整篇课文学习的最后，极好地激发了学生的参与热情，也让他们体会到了被尊重的感觉。

片段二：给谁颁奖

在借助预学单上的表格交流完伯诺德夫人一家三口为保全情报所做的事及导致的结果之后，组织学生讨论：为什么最后只有小女儿成功了？事后，如果要你为他们中的一人颁发荣誉勋章，你会颁给谁？为什么？

这一环节的教学同样由学生的提问开始，我又进行了提升，很好地丰富了对话的内容与空间。学生能由这个话题回到文本，关注细节，又能跳出文本，关注情感，同时能进一步感受课题的匠心所在，使得教学成为一个递进的整体。

在学生自主预习之后提出问题，我再结合新课标要求和文本特点等统整，这样确立的话题往往能切中要点，切中学生的学习需求，起到“牵一发而动全身”的效果，做到“以生为本”。

当然，在对话过程中学生的问题也会随时生成。有时是学生直接提出的，有时可能是学生表现出的踌躇不定、矛盾冲突等复杂的情绪。然而教师必须知道，“一切创造性行为都是发自不确定的语言，探索地进行着的行为”（佐藤学语）。因此，这种“不确定”的语言与问题更值得我们去对话与探讨。

三、建构聚焦而开放的话题

聚焦就是集中，只有集中了，才能深入，而开放指向的是对话的空间。二者中，聚焦是前提，开放是必要条件。在现实教学过程中，语文教师容易走分析路线，由此展开的对话也是琐碎的，是游离于语文学习本质之外的。郭思乐教授认为，语文教学必须寻找本质的、吻合于学生生命需求的东西。这就是学生应用语言文字进行阅读、思考和表达，就是包含听说读写思的语文实践。我认为这段话中包含两个要点：一是摒弃繁复的东西，将教学聚焦于最核心处；二是强化实践，而对话就是实践的内容之一。

聚焦的话题来源于学生的困惑，也来源于文本本身，需要教师深入研读以发现并提炼。有的课文之后有“作家卡片”板块，上面的重要内容就可以作为话题。如在教学《夹竹桃》一课时，我们便围绕“他的散文，质朴而不失典雅，率真而不乏睿智”这个评论展开讨论，在大致理解了这一评价的基础上，再回到语言本身去细细品味。在一番对话之后，学生得出了“我们很多时候都是在写作文，作者却是在写他的内心”的结论，令人动容。有的文章结构清晰，课后还有要求学生重点思考的话题，我们可以以此为抓手，板块式推进，使得聚焦的话题不断变得深入。如在教学《轮椅上的霍金》时，我就做了一番尝试。

聚焦一：霍金的“不能”

1. 阅读课文前三节，说说霍金有哪些“不能”。

学生交流，如不能说话，不能走路，不能自己翻书……

2. 结合生活实际，再说说霍金可能还有哪些“不能”。

学生交流，如不能刷牙洗脸，不能穿衣吃饭……

3. 小结：他完全应该是一个生活的弱者。

聚焦二：霍金的“能”

1. 阅读课文第四节，说说霍金又有哪些“能”。

学生交流，如能思考，能发现黑洞的蒸发性，能推论出黑洞的大爆炸……

2. 结合资料，再说说霍金还有哪些“能”。

学生交流，如能写出《时间简史》……

3. 小结：他的确是一个物理天才，是一个生活的强者。

聚焦三：是什么让这些“不能”转化成“能”的

引导学生质疑：是什么让霍金将这些“不能”转化成“能”的？

阅读全文，到字里行间寻找依据，小组讨论，全班交流。

在交流过程中，大部分学生都能从很多细节处发现霍金的顽强、坚持、专注、勤勉等品质。有几个学生的发现更是独到：有的将全文前后三次出现的“微笑”放在一起，发现霍金面对残疾、面对他人的尖锐提问时都是那么平和、坦然。有的从“他的桌上放着孩子的照片”这个细节描写推测出他有一个温馨的家庭。有的结合他回答女记者提问时的话，很是感慨地说：“正是因为霍金其他的手指不能动，所以他越发能感受到三根手指还可以活动的美好；正是因为霍金不能走路，所以他越发能感受到大脑还能思维的美好；正是因为霍金经历了这么多磨难，所以他越发能感受到亲人和朋友的美好……”教室里顿时掌声雷动。

聚焦四：此时，你对不幸是否有了更深的理解

行课至此，对文本内容的理解、对人物精神的揣摩，以及学生自身在情感、态度、价值观方面的建构都逐一完成。教学精简也高效，既是集中的，也是开放的；既是铺展的，也是深入的。

对聚焦话题的确定更多地来自于课前预学单中学生的疑问，聚焦话题能贯穿于课堂始终，而有时候教师在不经意间提出的聚焦话题同样有其教学的价值。这样的价值来自于教师始终秉持开放的心态以及教师自身素养的辐射等。如学习《广玉兰》时我告诉学生：“课文中我最喜欢的词是‘清丽’，你们觉得它和‘美丽’一词有什么不同？”学生对这种发挥性的话题很感兴趣，有的学生的回答堪称经典——“美丽”的感觉是浓妆艳抹，而“清丽”则是“淡妆轻抹”，很自然。我忍不住继续：“我喜欢几乎所有带‘清’字的词语，你们呢？你们知道哪些？”学生纷纷回应“清雅”“清香”“清秀”，“哦，对了，还有清婉！”他们不断有新的发现。我也继续：“还有清幽、清朗、清阔……”大家都笑了。

可见，聚焦蕴含的是丰富，开放彰显的是可能。只有删繁就简，找准核心，才能形成有效的对话，切近教学的本质。在这个过程中，学生的智慧便自然生成了。

四、触发串联与生活是对话的要义

“串联”是教学的核心。顾名思义，串联就是联结，就是融合，就是深入。将教师与学生串联起来，将教材与学生串联起来，将学生与学生串联起来，将知识与知识串联起来，将学习与生活串联起来，将昨天与今天与未来串联起来，这样的对话必定能如发酵一般，使得学习趋向于饱满和丰富。由此，包裹着真理的外壳才会被层层剥离，真理才会清晰地显现出来。这也正是为什么雅斯贝尔斯会说“对话是探索真理与自我认识的途径”。

1. 不断强化串联的意识

学生不是天生就会串联的，这需要教师加以引导，并不断强化。如在教学《三亚落日》一课中，我和学生讨论了“为什么题目是三亚落日，可还要写热带风情”这个话题，之后，在学习下一篇课义《烟台的海》时，请他们思考一下景与物、景与人之间的联系，重点关注它的表达方法。又如，在理解巴金《给家乡孩子的信》一文中的几个关键句时，我请学生默读并思考这些句子之间的联系，然后尝试用自己的话连起来说一说。

教师引导与强化时的一个重要方式是追问，因为教师经常性的追问会逐渐地转化成学生的自我追问，如此一来，学生自我思考、自我建构、自我深入的习惯就形成了，如教学《爱之链》一课的片段。

师：这篇文章一开始描写的环境让人有什么感觉？

生：很凄凉。

师：但是结尾呢？

（学生读起来：“一切都会好起来的，亲爱的，乔依……”）

生：结尾用的是省略号，让人觉得意犹未尽。

生：我觉得文章的最后，这个女店主内心充满了希望。

师：对。为什么这么写呢？是什么使这一切悄然发生了变化？

生：这种变化是因为三个人物之间互相关爱。

生：因为，“爱之链”让一切变得美好。

师：是啊，因为爱，生活始终充满希望，一切始终朝向美好。在这条爱的链子上，有乔依，有老妇人，有女店主，也一定有……

生：其他人，你，我……

雅斯贝尔斯说：“任何中断这种我和你的对话关系，均使人类萎缩。”反之，是否可以说，维系了这种对话关系，会使人类变得和善而美好？

2. **建构多角度联系**

串联的方向与角度是多种多样的，这一点毋庸置疑，其中，最常见的应该是师与生、生与生、师生与文本之间的联系。然而，要让学生走向更辽阔的学习天地，我们的串联视角与领域应该更加宽广。

比如，让话题与实践相联系，促进学生知识的内化，发展学习力。这种实践不是强加在教学中的，而是对话不断深入的自然延伸，是潜移默化的影响。如《变色龙》一课的开头很长，它是在两个人物的对话中引出“变色龙”的。于是我在开头处聚焦，请学生欣赏预学单上罗列的多个不同样式的开头，在学生充分对话交流的基础上再请他们尝试着写一个特别的开头。当学生经历由浅入深、由说到写这个过程的时候，我们看到了真实的学习发生了。

又如，课外与课堂相联系，从而发现生活，感悟生活。如在教学《滴水穿石的启示》一文时，我请学生仔细观察，并试着在平常的现象中得到某种启示，然后画一画、写一写。有学生就月亮的阴晴圆缺谈了自己的体会（如下图所示），有学生从大雁南飞这个现象中得到启示，还有学生从牵牛花在夜晚独自美丽中得到启示，等等。有了课外的观察与思考，学生在课堂上就可以对话，可以与课文内容呼应了，然后在二者的联系中扩大学习的外延。所有这些联系指向的都是学生的生命体验，为学习打开了另一扇窗，让光亮洒下来。

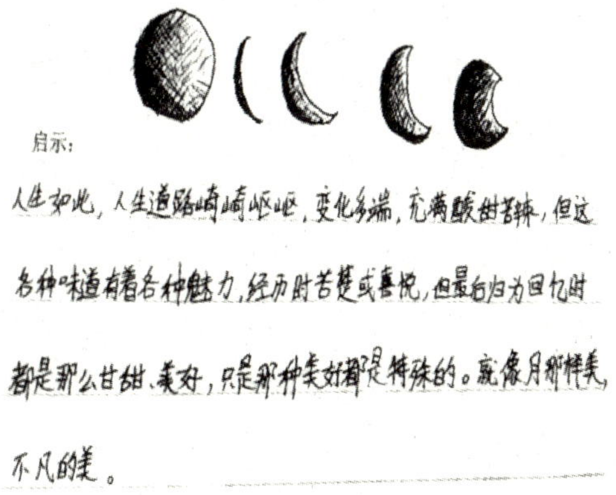

用“沉默的视野”看“英雄”

《船长》是法国著名作家雨果的一篇小说。在曾经无数次聆听到的《船长》课堂教学中，师生们几乎无一例外地对船长这一英雄人物进行了高调的赞美。我却遭遇了这样一幕——

师：面对着这一尊黑色的雕塑慢慢沉入大海，此时此刻，你想说什么？

生：尊敬的哈尔威船长，你在灾难面前临危不惧，你用你的果断救出了所有的乘客，唯独将自己抛在了脑后，你真是了不起！

生：哈尔威船长，虽然你走了，但你的身影将永远留在我们每个人心中！

……

（可是，很快，不一样的观点出现了。）

生：老师，生命对于每个人来说只有一次，他为什么不珍惜？

生：老师，他选择了高尚地离去，那么他的家人呢？那些在家中无时无刻不在牵挂着他的家人呢？

（我一时语塞。）

作家陈家琪在《沉默的视野》一书中写道：“‘对象语言’和‘元语言’的区分只是相对的，而且仅仅涉及‘意思’（语义），却无关乎‘意图’。”可我们的习惯是说出一句话的“意义”不仅取决于词语本身的“意思”，还取决于，或者说主要取决于说话的“意图”。在教育教学中，我们也总是不断地将学生的视野引向“预设”——说到梅花就要联想到坚强，说到绿叶就应联想到衬托……揣摩作者写作意图变成了惯性，所以，思考的“上纲上线”也就自然而然了。而一旦听到一些异样的声音，反倒会无所适从！

不妨让我们也来用“沉默的视野”剖析一下船长这个人物。作为一船之长，在船员与乘客遇到生命危险时，他理应站在所有人的前面，这是他义不容辞的责任，现在，他如人们期望的那样站出来了，他的坚定是值得人们敬佩的，最后，他选择了和游轮一起沉入海底，这是他个人对生命价值的一种追求。我们当然可以对他及他的这种精神表示敬畏，但也可以拥有自己独立的思考。“珍爱生命”“珍爱亲情”，孩子们这种对生命意义的最纯真的诠释不也显得真实而令人动容吗？我认为，给孩子们从诸多现象与形象中学会辨析、甄别的自由远比给他们一个答案、一种结论要重要得多。

课堂小景

情景一：体会四季的海

昨天学习《烟台的海》，我们共同体会了烟台的海四季不同的特点。

说起冬天的凝重，我问学生："文章描写的明明是海的气势磅礴，为什么最后概括为'凝重'呢?"问题有点难，学生在思索。佑佑举手说："凝重让人感觉比较严肃。"说得真好，我表扬她赋予大海人的色彩。于是，我顺着这个思路继续问："是的，如果把海比作人，那冬天的海是一个怎样的人?"这下他们比较有话说了，有的说是"有时会发脾气的人"，有的说是"面色沉重的人"，也有的说是"有心事的人"。对"凝重"描写的理解之难，随着大家的联想而自然化解。

有了学习冬天的海的示范，再学其他季节的海的内容就显得简单多了。

最后，我让学生将四个季节的海放在一起，看看他们是否也能用一个比喻句来形容一下。宇晴的发言最精彩，她说："我觉得烟台四季的海就像是一家人。冬天的海是爸爸，比较严肃；春天的海是儿子，很调皮，很可爱；夏天的海是女儿，很温和，也很羞涩；秋天的海，就像是妈妈，辛勤地忙碌着。""呀，一家四口人，一个儿子一个女儿，可真幸福啊!"我忍不住夸赞。大家听后都笑了。

很多时候，把陌生的内容转化成学生熟悉的内容，学习就变得简单多了。

情景二：感受色彩

今天我们学的是《记金华的双龙洞》，开头部分照例写景，写从金华去双龙洞一路上的景致。特别之处在于，作者几乎都是从色彩的角度来呈现画面的，粉红的沙土，各色的映山红，或浓或淡的新绿，还有油桐花，学生还想象出了一湾青绿的细流，一派明丽的景象。

我感慨道："哇，真美啊，写景的方法还真是很多啊!"

学生纷纷点头。

我灵机一动："我突然有一个冲动——"

"啊？不要——"学生几乎异口同声。

"啊？不要什么?"我有点惊讶。

“不要写作文啊！”他们一个个皱着眉。

“可是，我的冲动是带你们一起去后山看看啊！你们不愿意就算啦！”我大笑起来。说实话，我真的是这么想的。

学生都愣住了。

让教与学自然发生

《山谷中的谜底》一文叙述简单，说理却颇为深刻。教学时，应如何从“简单”中挖掘“深刻”，如何让现象描写和给学生的启示有机融合呢？我试着从关键句段处切入。

（出示：不一会儿，满坡的雪松上就积了厚厚的一层雪。当雪积到一定程度时，雪松那富有弹性的枝丫就开始向下弯曲，于是积雪便从树枝上滑落，待压力减轻，刚弯下去的树枝又立即反弹过来，雪松依旧保持着苍翠挺拔的身姿。）

师：读读这段文字，如果让你概括成几个字或词，你会怎么概括？

（学生思考之后，小组内讨论。）

生：可以概括为“积——弯——落——弹”。

（教师随之板书。）

师：是啊，明明可以用很简洁的语言概括出来，作者为什么还要花这么多笔墨来描述整个过程呢？再读读这段文字，你觉得哪些描写是不可或缺的？将它圈画出来。

生：我觉得“厚厚的一层雪”这个描写不可以缺，如果没有积到厚厚的一层时，雪松是不会弯曲的。

师：嗯，是的，所以这个是前提。

生：我觉得“富有弹性”也不可缺，这是雪松的特质，正因为有弹性，它才可以弯曲。

生：还有句中写到“刚弯下去又立即反弹过来”，可见它反弹的速度很快。

师：就是说弯曲只是暂时的，只是当中的一个过程罢了，是吧？（学生纷纷点头）

生：最后写“雪松依旧保持着苍翠挺拔的身姿”，写出了雪松精神头十足的样子。

生：是啊，它依然苍翠挺拔，可见它并没有受到损害，依然充满活力。

师：对，这句不能缺，从“依旧”这个词中我们感受到了雪松的不屈服，它虽然曾经——（指向板书：弯），但是最后的姿势却永远是——（指向板书：弹）。弯了又弹，弯了还会弹……此时此刻，你是否明白了什么？

（学生思考，在交流中基本理解了后文所说的“启示”。）

教学是什么？教学应该是一次次探索与发现之旅——探索文字本身的含义，发现文字背后的寓意；探索故事本身的真谛，发现故事延伸至生活的启示。所有这些都不是分别存在的，它们是一个有机的整体。只有不断融合，不断渗入，不断提炼，教与学才会真实地发生。这种发生不是牵强的，不是强加的，不是生硬的，而是自然而然的。

迈一步，走向学习

教学《夹竹桃》一文时，我带领学生从认识作者季羡林切入。

首先，我请学生说说对作者的了解，然后一起读一读“作家卡片”，再聚焦评价——“他的散文，质朴而不失典雅，率真而不乏睿智。”

我在黑板上将这句话认真写下来，带领孩子们简单理解之后，就开始学习课文，打算在课文中得到对这一评价的验证。

在课文第二小节，介绍季羡林家大门内的两盆夹竹桃处，我们开始分析。

师：用心读读这段文字，你觉得作者在介绍夹竹桃时，语言有什么特别的地方？你读到文字的特点了吗？

生：我觉得他的语言很质朴，因为季羡林先生并没有用华丽的语言来形容夹竹桃的颜色、外形等，他直接写到“一盆红色的，一盆白色的”，接着写出了他的联想，很朴素。

生：这段文字也让我读出了他的率真。你看他言简意赅，用直接的话语直观地表现了自己的内心想法，让我们感受到了他对夹竹桃的喜爱之情。

生：是的，我也这么认为。我们写文章时，会想方设法使用很多好的词句，别人一看，就知道这是在写作文，但作者毫不堆砌，直白地吐露着自己的情感。我们很多时候都是在写作文，作者却是在写他的内心。

师：好一个“我们很多时候都是在写作文，作者却是在写他的内心”！说得极好，掌声！

我知道，这样的品析对于六年级的学生来说不太容易做到，其实也有可能并不需要，但是，当这个过程真正发生了，当有一小部分学生真实地体验到了，当其他学生在分享中也有所领悟了，那么，我们的学习是否就算有所收获，是否就朝前迈了一步呢？

串联与反刍

我在教学《给家乡孩子的信》一文时，主要教学目标为和孩子们一起品读信的内容，从而揣摩作者巴金想要传递的情感和想要表达的意思。

其中有两个教学片段很有意思。

片段一：巴金真的“平平凡凡”吗

在信中，巴金这么写道：“我今年 87 岁，今天回顾过去，说不上失败，也谈不到成功，我只是老老实实、平平凡凡地走过了这一生。”

师：如果你就是收到巴金爷爷的信的孩子，当你读到这里的时候，你能体会到什么？

生：巴金爷爷觉得自己很失败，很平凡。

（第一个孩子的感受在我的预料之外，其他孩子也都纷纷表示出不赞同的样子。)

师：哦，你是从哪里读出来的呢？

(我沉住气，继续倾听。)

生：因为他在后面说，“我愿意再活一次，重新学习，重新工作……”

(这个孩子的思考也是有依据的。现实生活中，他就是个非常实在的孩子，这样的孩子常常忠实于文字本身的意思。)

师：再来听听其他同学的感受，好吗？

(他笑着点头。)

生：巴金爷爷这么说只是一种谦虚的说法，你看，后面“作家卡片”中罗列出了这么多作品，他怎么会是一个普通人呢？

生：对，“我只是一个普通人”说明巴金爷爷很谦逊。

(大家都在点头。)

生：我从课外资料上了解到，巴金爷爷还经常向受灾地区捐款，去世后还把藏书都捐献了，所以，他是一个很伟大的人。

生：对对，如果巴金爷爷不伟大，后面的“作家卡片”中怎么还会有诗人专门写诗来赞美他呢？

生：从巴金爷爷说的“我愿意再活一次……”中，也可以看出他的谦虚。

师：巴金爷爷明明很了不起，为什么还要说自己很平凡呢？你们再来读读这一句——“我写作不是我有才华，而是我有感情……”

(此处我穿插了一个环节，把孩子们的视角引向另外一个角度，刚才热闹的课堂变得沉静了许多。)

师：在巴金爷爷看来，他能写出作品是因为——

生：他有感情，他对祖国和同胞有无限的爱。

师：因为内心充满了爱，所以就要通过——

生：作品表达出来。

师：这是一种自然流露。巴金爷爷认为这并不是自己的——

生：才华。

师：哦，这就是巴金爷爷对自己写作的定位，因此，他觉得自己——

生：很平凡。

师：所以，你们又能体会到什么呢？

（显然这个问题的层次更高了，课堂上静悄悄的。）

生：巴金爷爷很真诚。

师：对，他很质朴，他是真的认为自己很平凡。

生：巴金爷爷是一个充满了爱的人。

生：巴金爷爷也希望读到信的孩子能像他一样内心充满爱。

生：这样的人很了不起。

师：是啊，虽然巴金爷爷认为自己很平凡，我们却看到了他的不平凡。

佐藤学强调，所谓"学习"就是同教科书的相遇与对话，同教室里的伙伴们的相遇与对话，同自己的相遇与对话。显然，相遇与对话是学习的核心。那么怎么相遇呢？首先要基于文本，要有自己的思考。其次，要创设出相互倾听与对话的氛围。课堂内的教师和学生都愿意完整地接纳他人的想法，并由此触发自己的思维，不断补充，不断联系，不断拓展，不断深化，努力切近文本的内核，上课的过程实际上就是一个团队合作的过程。

需要补充的是，这种合作方式的建立，一定要尊重课堂内的每一个学生，要努力将还"不懂"的学生置于合作的中心。因为他们的困惑或不解中会往往隐藏着共性问题，或者说，帮助他们走出困惑的过程，正是多角度对话的过程，是团队成员获得成长的过程。

片段二：建立句子的联系

在信中，巴金老人用一连串句子表达了他对生命价值的认识。信中这样写道——

"我思索，我追求，我终于明白生命的意义在于奉献而不在于享受。"

"我愿意再活一次，重新学习，重新工作，让我的生命开花结果。"

"人活着不是为了白吃干饭，我们活着就是要给我们生活其中的社会添上一点光彩。这个我们办得到，因为我们每个人都有更多的爱，更多的同情，更多的精力，更多的时间，比维持我们自己生存所需要的多得多。只有为别人花费它们，我们的生命才会开花。”

显然，这里的每一句话都有自己的深意，都值得好好品读。但是如果一句一句生硬地分析，则会让这段内容显得枯燥而孤立。因此，我尝试着请学生给这些句子建立起联系，并将它们作为一个整体来理解。

1. 请学生自由朗读句子，试着读懂它。

2. 请学生再次默读并思考：这些句子之间有联系吗？是怎么联系的？

3. 四人小组先讨论，然后交流。

生：我知道了，我们活着就要为社会添光彩，这样生命才有意义。

师：怎么添光彩呢？

生：就是为别人花费更多的爱，更多的同情，更多的精力，更多的时间。

生：就是要奉献。

师：这样，我们的生命——

生：才会开花结果。

师：也就是上面说的——

生：生命的意义。

随着学生的交流，我将关键词写在黑板上，然后借助板书再次引导学生去复述，同时，用箭头标示出它们之间的联系，即“我们每个人都要学会奉献，都要为别人花费更多的爱，更多的同情，更多的精力，更多的时间，这样我们的生命才会开花结果，才有意义”。

形成对话的重要方式就是串联与反刍，在课堂中，就是努力让每个人的发言同下一个内容展开建立联系，同其他学生的发言建立联系，同自己先前的发言建立联系，当然更要和文本建立联系。一旦建立起联系，学生之间相互倾听的关系就自然形成了，教学的进展也不再是线性的，而具有了合作探究的广度。在这样一个不断扩展的学习活动中，每个学生的思考都有了空间，每个学生的潜在可能性都得到了发展。

第四节　语文之思，让另一种声音执勤

脑　海

我有一个圆乎乎的脑袋，
里面装满了我的快乐与忧愁，
就像一片大海。

学生：常鸣

让儿童站在课堂中央

今天，我们要学习的是第六课，谁来读一下课题？

读了这个课题，你们有哪些疑问呢？

在学习课文之前，我们先来看一下本课的生字吧，请看大屏幕，谁来读一读？

关于这些生字词，你们有什么要提醒大家的吗？

……

没错，这是一堂语文课。不同的是，这堂课是由学生执教的。

本学期初，我在班上宣布了要开展选拔“小老师”的活动后，学生便积极响应，争相报名。他们自己寻找合作伙伴，收集厚厚的资料，制作精美的幻灯片，设计教学步骤并进行分工。于是，便有了开头的一幕。

那么，台下学生表现如何呢？——因为新奇而充满期待，因为民主而互动频繁。当然，也因为我有了更多的时间关注他们、提醒他们，课堂也因此而显得格外不同。

目睹着台上学生的自信表现，台下学生兴味盎然，一时间，我也莫名激动起来：儿童到底有多大潜能？给他一方舞台，他何以能还你如此多的奇迹？当“儿童立场”被不断提及，当我们努力从“教学”走向“让学”时，我们的学生不就已经站在了课堂的正中央吗？这，不就是我所追求的理想的课堂吗？

如果那一天没有听到窦桂梅老师的课，我也许会一直这么沾沾自喜。

窦老师执教的是安徒生的《皇帝的新装》。课上，她先让学生借助课前的“先学单”提出自己不懂的问题，再引导学生概括出故事里的小男孩和大人们各自的特点。接着，窦老师又请学生以四人小组合作的方式完成一份“共学单”，由大人们的表现去研究他们迷失的原因。随着学生交流的展开，窦老师不断将他们的思考引向深处：在这些大人们所犯的种种可笑的谬误里，谁是第一责任人？皇帝爱美有错吗？那么到底是什么错了？听了这些问题，学生也不断陷入沉思，又不断明白：原来，我们每个人都是自己的第一责任人；原来，人云亦云，也会成为恶性群体事件的帮凶；原来，当爱好变成癖好，甚至是怪癖时，就不再值得推崇了。如此这般，学生在课堂上共同讨论，投入朗读，动情演绎，直至最后，台上学生和台下教师一起沉浸在一句哲理中——该怎样回到事情本身，不就是我们一生需要追寻的问题吗？我久久没能回过神来。

在震撼于窦老师教学魅力的同时，我开始审视起自己的课堂，以及自己内心的“理想”。

试问，在窦老师的这节课上，学生展开自主学习了吗？是的。学生尽情投入了吗？是的。学生得到发展了吗？是的。反过来想，如果这堂课没有窦老师的一再追问，没有窦老师的明疏暗导，学生会有哪些收获？可能会再次温习一下这些早已谙熟的内容，会演绎一下故事生动的情节，会很容易地得出“做人一定要诚实”的道理，课堂也会生动活泼，也会书声琅琅，也能行云流水。只是，这样走过场的教学，意义何在？

想到这儿，我突然领悟到，真正能让儿童站在中心的理想的课堂，一定是基于教育常识的。

首先，理想的课堂不能缺少教师的参与。教师与学生是课堂生活中的一对关系体。教育的过程既不单纯是教师领着学生走，也不是单纯学生自己走，它应该是师生双方的共同行走，进而实现互相帮助、互相促进的目标。要实现这一目标最核心的方式便是雅斯贝尔斯强调的“对话”，即师生首先要在似是而非的理解中寻找难题、自我思考，接着，再主要由教师指出寻求答案的方法或路径，创设多元对话的氛围，进而找到真理、升华思想。在这个过程中，教师作为组织者，作为更充分的准备者，作为对文本在某种程度上的更深刻理解者，是不可或缺的。如果没有教师，学生的学习会更多地停留在固有的层面，因此，这并不是真正理想的课堂。

其次，理想的课堂不能存在盲区。在课堂上，学生的主体性地位是不容置疑的，也就是说，学生需要通过学习逐步认识世界、认识自己、发展自己。这是每一个学生成长的需要，这是教育最重要的意义。因此，课堂应该是所有人的课堂，不应该存在盲区。但是在实际教学中，我们总是会不自觉地把机会留给强者，如那些“小老师”，我们也总是认为，学习必然存在“中间高，两头低”的现象，这并不是教师可以改变的。然而，美国著名教育心理学家布卢姆指出：“这种期望是当今教育体制中最浪费、最具破坏性的一面。它压制了教师和学生的创造力，降低了学生的学习热情，也破坏了相当数量学生的自我形象和自我概念。”这样的话语让我们警醒：“教育要面向每一个学生”不能只成为一句空话。理想的课堂不在于学生是坐着还是站着，不在于学生是在听还是在讲，重要的是，通过这堂课，是否让每个学生都体会到了生命拔节的新奇与喜悦。如果课堂只是少数人的课堂，那么，它也不是真正理想的课堂。

所以，要让儿童站在课堂中央，一定是基于教育常识而追求理想的结果。

该怎样进行教学反思

古人云："吾日三省吾身。"今天的人们依然需要如此，这既是工作的需要，也是修身之必需。从工作的角度来说，我们教育的对象不是物而是人，是一个个鲜活的生命，我们的教育方式是否得当，我们的教学设计是否合理，和某个学生的谈话是否有效果，再遇到同样的问题怎么办……假如只是想当然地去处理，极有可能处理不当，造成不良后果。

那么，我们在教学中应该怎样反思，应该从哪些角度进行必要的反思呢？

1. **抓住细节，即时反思**

每一堂课都是一次冒险，都有"意外"，也有得失，都值得回味与反思。为此，教师应在课后第一时间将自己的感触记录下来，概括也好，实录也罢，或三言两语、提纲挈领，或抽丝剥茧、深入剖析，不求体系完整，论证翔实，只求把一时的观点、感受原原本本地保留下来，贵在真实、鲜活、及时。这些记录，犹如散落的珠玉，只要用心收藏，最终会得到回报。我平时有写教育随笔的习惯，积累多了发现，原来那些似乎互不相关的片段之间，竟然有着千丝万缕的联系，甚至还隐藏着许多规律性的内容。如果将这些思考加以整理，还可以写成较有见地的论文。可见，这些细小的反思记录也可以成为教师专业成长的基石。

2. **关注整体，深度反思**

除了对每一节课的细节进行反思外，我们还需要着眼于整体，如整堂课的构架、教学内容的选择、不同课型的比较、教师风格的类型等。唯有站在高处进行整体性反思，才能突破原有教学思想的局限，实现专业发展。比如，现在很多学校都有同题课（几位教师上同一个内容的课）、连环课（几位教师合作完成一个内容的几个课时）等展示形式，这都是进行整体性反思的绝佳材料。不同教师的同题课或赛课，常常是异彩纷呈、各有千秋的。作为听课者和学习者，我们在虚心学习的同时，可以做比较式反思，将不同的课堂教学处理放在同一平台上进行剖析，互相印证，去粗取精，化为己用。古人云"见贤思齐"，高质量的公开课教学每每能使听课者为之倾倒，而不同教师的同题课尤其能反映出各自的教学风格和个性特点。对此，我们应该善于比较、反思，并有选择性地借鉴。

此外，整体性反思还可以从教师个人的成长历程入手，在从教多年有了一定的积累之后，便应该回顾和梳理个人的教学轨迹，阶段性地分析自己的教学特点，审视教育的得失，总结自己的经验，规划更高远的目标，以自觉的努力引领自身专业的发展和成熟。

袁卫星老师曾说，新课改理念下的教学应"一头是阅读，一头是实践，中间贯穿着思考"。没有阅读，实践与思考是盲目的；没有实践，阅读与思考是虚无的；没有思考，阅读与实践便失去了意义，失去了方向。因此，要想实现教师专业化发展，这三者是缺一不可的。

我的"有效课堂"随想

"有效课堂"首先需要"有效教师"。

有本书上说，在一个世纪前，如果回答"什么是有效教师"这个问题，答案很简单：好教师就是一个好人。如今，这种定义却发生了改变，"好教师"这个词变成了"有效教师"，侧重点由原来专门指向教师，转向将教师对学生的影响也包括在内。这些研究课堂行为的新方法，重视课堂上师生的互动，并把它作为定义现代有效教学的重要标准。

基于这样的认识，致力于教学模式研究开发的学者专家们便开始寻找师生互动的模式，进而归纳出若干种能促成有效教学的关键行为。我曾读到这样一句话："绝大多数的研究者都认为，如果教师把大多数时间用于教授切题的内容，而不是先把时间用在那些只是有可能需要的过程和材料上，然后才让学生获得教学内容，那么，相比之下，在他的课堂上学生就能取得更高的成就。"读完这段不算很长的话，我陷入了思考：在短暂的课堂上，我们究竟该向学生传递什么，又该如何传递呢？很多时候，当我们想当然地在文本中无数个重点处反复咀嚼，又旁征博引地加以论证的时候，是否真的给学生留下了足够的回味空间呢？很多时候，当我们将深入研读教材后的点滴感悟化为教学的预设行为时，我们是否考虑到了学生的实情呢？是否架好了那道文本解读与教学实施间的桥梁，从而能有的放矢地改进自己的教案呢？

细想之下，总会自觉不自觉地出现这样一些偏了向的教学行为。以《有趣的发现》一课为例。

（出示句子：达尔文捉来许多昆虫，反复观察比较……）

师：猜想一下，达尔文会捉来哪些昆虫？

（学生开始漫无边际、尽其所能地说出他们所知道的各种昆虫的名称。）

其实，在最初的教学设计中，我也是这么预设的。但仔细考虑之下，我感觉这种猜想的价值不大，因为与课文的价值取向并无直接联系，于是便改成了："猜想一下，达尔文会在岛上做些什么？"学生交流之后，重点理解"反复、观察、比较"。在这样的研读过程中，达尔文那严谨探究、积极探索的人物形象逐渐丰满起来。

再以《虎门销烟》一课为例，教师在教学重点词语"沸腾"一词时，引导学生进行了类比感悟。

师：同学们，老师告诉大家一个好消息，今天放学后没有家庭作业！

（学生一片欢呼雀跃。）

师：大家都高兴地沸腾起来了，想象一下此时此刻，参加销烟的人们也和你们一样沸腾了。

乍看之下，似乎课堂气氛很活跃，大家都情不自禁地"沸腾"了，但细想一下，此刻学生的“沸腾”与书中人们“沸腾”的那种感受一样吗？面对“鸦片”这一如此沉重的话题，即使内心沸腾了，也终究不会是轻松、肤浅的，所以，这样看似巧妙的类比，实则是无效，甚至是不恰当的。

这样的教学行为还有很多。真要找原因的话，我个人以为，很重要的一点就是教师在进行教学设计时存在偏差。有效教学方法论告诉我们：教师教授特定课题的时间越多，学生的学习机会就越多。简单来讲，即应围绕重点层层突破，引领学生提纲挈领地解决问题，最终达成深层次的恰当的预设目标。同时，在实施过程中，教师应该尽可能清晰地授课，而非经常性地设置一个个“圈套”让学生“跳”进去，将自己的理解强加给学生。这样的学习对学生来说是不自然的，也是不快乐的。这样的教学对于课堂来说，是模糊的、拖沓的，是缺少生命质量的。

在回忆里追问《“番茄太阳”》设计始末

有点讶然，我竟有勇气上出了这样一堂课，一堂不是通常意义上的语文课。

我不禁自问：什么样的课，才算是通常意义上的语文课呢？一定要每篇课文反复初读，深入感悟，再提炼情感吗？一定要落实“双基”，紧跟目标吗？

这样的课堂太寻常，因为驾轻就熟，所以教学会更顺畅。可是，我究竟为什么选择了另外一种方式呢？

回忆一下我的备课经历吧——

先是挑课文，翻来覆去地挑，最后是被《“番茄太阳”》这篇课文的温情所吸引。说实话，我当时还不知道作者卫宣利这个人。

然后是备课。当然不可能一下子就有灵感，所以几个夜晚我都在收集关于这篇文章、这个作者的材料。当许多内容一下子呈现在我面前时，当我不由自主地被作者其他感人的作品所吸引，沉浸其中不可自拔时，作者的身影在我脑海中已经挥之不去了。

再次捧起《“番茄太阳”》，我反复想着：这是一个真实的故事吗？于是，我按照网上的地址给作者卫宣利写了一封邮件，当然，没有回音。我后来又想：难道一定要追究它的真实性吗？能写出这样的故事的人，本身不也是善良而温暖的吗？最后，我又问自己：这样的文章，我到底该和孩子们一起学习些什么呢？其实我真的没有答案。

后来，我在那天放学后请来了雨晨、霖轩、睿文三个文字感受力各不相同的孩子，让他们先来读文章，然后告诉我他们读懂了什么，印象深刻的是什么，不懂的是什么。令我惊讶的是，这样一篇长长的文章，在第一遍读过之后，他们都能大致理解其内容了，包括雨晨——他本是个文字感受力不太强的孩子。可见，对于课文大意的把握不会成为孩子们的学习障碍。说起印象深刻的内容，几个孩子不约而同地指向了课文的最后几小节——明明临别时和“我”说话的画面。孩子们不懂的内容主要是——“番茄太阳”指什么？明明为什么那么高兴，那么爱笑？反复揣摩几个孩子的回答，我联想起卫宣利的作品特色——围绕着某一个主题呈现出主人公心情与态度的转变，进而给人留下无限深远的启迪，如《两双球鞋》《亲人节快乐》等。那么，我是不是可以借助她的作品将这种欣赏作品的方式告诉孩子们呢？说简单点，就是我想从如何欣赏文学作品、如何在课堂的指导中以指向常态阅读的方式中，尝试找到一种新的教学方式。

还有一个支撑我这样去尝试的理由是一本书，一本关于目标评估学的书。书中告诉我们，课文的类型是各不相同的，而面对不同类型的文本，应该预设不同的目标，且这种目标的预设应该是连续的、集中的、富有弹性的。因此，当我大刀阔斧地将很多内容舍去，而把目光集中在“番茄太阳”，集中在卫宣利其人时，学生对这堂课的印象或许就不会是蜻蜓点水了。

我是这样想的，所以，我有了改变。

不妨"小题大做"

孩子们升入三年级了，我便开始有意无意地渗透一些有关语言锤炼方面的知识，在一些小细节处徐徐展开，大做文章，试图带领他们去触摸语言世界的曼妙。

回眸一："水"

第二单元的两篇课文中都提到了水。

《西湖》中是这样写的："平静的湖面，犹如一面硕大的银镜。一群群白鸥掠过湖面，在阳光下一闪一闪的，好看极了。"

《北大荒的秋天》中我们读到："小河清澈见底，如同一条透明的蓝绸子，静静地躺在大地的怀抱里。"

我把它们放在一起让孩子们比较：同样是写水，我们能品出什么不同的味道？看到了白鸥在湖面上飞翔的姿态了吗？看到了长长的、弯弯的、静静的小河了吗？为什么会看到这样不同的画面呢？孩子交流后，我再引出比喻的话题。

回眸二："闹"

《哪吒闹海》一文重点在"闹"，精彩在"闹"。

我和孩子们是这样关注哪吒和夜叉交战的过程的。

先在相关段落中找到人物的动作，然后交流其中自己比较欣赏的动词，我在这一过程中穿插引导，如"掀起"能说成是"引起"或"形成"吗？把"掀起"和前面的"一摆"相联系，你又能体会到什么？让学生也演演这一连串的动作，如"一闪""一躲""随即取下"等。

凭借文本中精妙的语言，孩子们俨然"经历"了这场扣人心弦的战斗场面。接着，我出示这样一段文字："夜叉先出来打哪吒，没打到。哪吒用乾坤圈去打夜叉。两个人打来打去，最后，夜叉死了。"孩子们相视而笑，这样的句子太常见了，就是他们惯用的表达方法。在这样的比较中，学生明白了过程描写的重要性，也对过程描写的方法有了初步的印象。

回眸三："吹"

《石榴》一文中这样描述盛开的石榴花："走近看，仿佛是一个个活泼的小喇叭，正鼓着劲儿在吹呢。"这个比喻生动极了。

"仔细听，他们在吹奏什么乐曲啊？"

孩子们喜欢这样的发散性想象，所以都十分积极地举起了小手。

"在吹奏着欢快的乐曲。"

"在告诉大家：我开得多旺啊！"

"在吹奏着火红的乐曲呢！"

听到最后一个孩子的想象，我不禁讶然：他的回答多么曼妙，原来乐曲也是可以有颜色的！

我又追问："你们怎么想到的？"

他回答："前两天曹老师不是为我们读了作家李汉荣的《花木格窗的眺望》吗？那里面写喇叭花唱着紫色的歌……"

我真是无限喜欢这样的场景，就像是在某个拐角偶遇一直挂念着的老友！

……

在这些不很经意的揣摩玩味间，我发觉孩子们的语言能力悄然发生着改变，在他们文章的片段里不时冒出一两个动人的词和经典语句，让人感动；更别提那些动笔之前托腮凝思着，反复咀嚼着的孩子们的神情了！

一位旅居海外的中国诗人说，每当他看到"碧海、沧桑、江湖"这些汉语中独有的词汇时，都会莫名地激动，甚至落泪。是啊，"乡音里有着美丽的故乡"，文字里都是满满的情怀啊！深刻、独到的语言总是富有感染力的，它能直抵人心，让我们的心灵到达寄寓、栖居的场所。如果孩子们能在懵懂时期，便接触温润的语言世界，他们今后也能接触悠远的历史，拥有诗意的人生。

"小题大做"，不妨就这么做下去吧！

忽略孩子，“想当然”的教学

如果有人问你“公牛”是什么，你会如何作答?

按照多数人的思维逻辑，你决不会想到去问一个一年级的小朋友这么“浅显”的一个问题。

然而，王美卿老师告诉了我们她的调查结果：孩子们要么茫然地摇头，说不清；要么就用书本《骑牛比赛》中的相关句子“公牛疯狂地上下蹦跳”来回答，根本文不对题。

王老师讲完，我忍不住哑然失笑，随即却羞愧不已——

在我自己的教学中，不是也有很多这样的“想当然”吗?

案例一：不懂“乳汁”的尴尬

《做一片美的叶子》是著名儿童文学作家金波的一篇散文。文中有这样一段话：“无数片不同的叶子做着相同的工作，把阳光变成生命的乳汁奉献给大树。”我以为着孩子们会有简单的生物常识，更会明白“乳汁”之于生命成长的重要性，令我意外的是，孩子们并不知道。

“孩子们，你知道叶子是如何把营养献给大树的吗?”

几乎没人举手，只是有点茫然地望着我。

“看来这个常识大家还不清楚，没关系，老师来告诉大家……”我努力从容地应对第一个“意外”。

我继续道：“就这样，叶子把营养不断输送给大树，就像是把——”学生接着说：“生命的乳汁奉献给了大树。”因为是课本中的原句，所以孩子们接得挺顺。

“同学们，我们小时候都喝过乳汁……”还没等我说完，教室里便一片哗然。

“没有，我没喝过!”

“我也没有!”

否定的声音一波接一波，硬是让我着了慌！预设的启发式问题全都没用武之地了。

一时间，我不知如何继续教学。

案例二：丹顶鹤的“诗情画意”

《美丽的丹顶鹤》是我上的一节展示课。为了体现我的标新立异，我把目标之一定位为“借助文本优美的文字去感受丹顶鹤充满诗情画意的美”，其中，有这样几个片段。

回忆导入时的教学片段如下所示。

师：让我们一起驻足欣赏。

（配乐，幻灯片放映丹顶鹤的图片。）

师：孩子们，一幅幅精美的画面掠过，此时此刻，丹顶鹤在你眼里成了什么呢？

（生交流，师择词板书，如诗、画等。）

师：是啊，丹顶鹤的存在就是一首诗，一首精巧的诗；丹顶鹤的美丽就是一幅画，一幅浑然天成的画。

赏读完丹顶鹤悠然的飞翔姿态后的教学片段如下所示。

师：蔚蓝色的天宇间，一群群丹顶鹤舒展着它们洁白的翅膀，舒展着它们轻盈的体态，边歌边飞，边飞边歌，一路飞过，从遥远的北方飞来。此时此刻，丹顶鹤在你眼里又成了什么呢？

（生交流，师择词板书，如歌、舞等。）

师：是啊，“晴空一鹤排云上，便引诗情到碧霄”。在天空中翱翔的丹顶鹤就像是一群舞者，将诗情画意一起带到了湛蓝的天空，显得那么高雅！

带领学生总结课文，深化情感时的教学片段如下所示。

师：读着课文中优美的文字，我们就像在欣赏一首诗、一首歌、一幅画、一支舞。这一群美丽高雅的丹顶鹤不仅飞进了我们的课堂，更飞进了我们每个人的心里，让我们对它平添了一分……（喜爱之情）

（板书：情。）

在我的想象中，孩子们会在我精心编织的精妙绝伦的教学网中快乐游弋，勾勒出丹顶鹤如诗如画、如歌如舞的高雅，让丹顶鹤高洁、美丽的形象徐徐注入心田。

可是，这群可爱的二年级孩子在课堂上又让我“意外”了，从他们的反应中，能看得出他们并不像我所想象的那样有所感悟。

著名教育学者张文质先生倡导“生命化”教育，他始终强调“生命在场”的意识。而教师在每个教育教学场景中的“生命在场”必定是基于儿童现实状态的清晰定位和自然融合的。“想当然”的教学无疑漠视了学生的实际，教师以课堂主宰的身份凌驾于学生之上，一意孤行的教学完全忽视了和学生的有效互动。

教学要站在“儿童的立场”，用“儿童的视界”来看问题，这个观点反复被我们提及。但是诸多的教育现实让我明白，成人视野中的“儿童观”终究不是纯粹的、地道的儿童“观”，充其量只能是无限趋向于儿童的“观”。而要真正同儿童的生活世界建立起平等的关系，就要从思想及至行为，到孩子们中间去交谈，去访问，去探求，真正守住孩子们的心灵，并与孩子们一起朝前走。

那天，孩子们“被听课”

有一天，班里有老师来听课，因此，有了下面这些有趣的孩子们的记录。

同学们你看看我，我看看你，个个坐得端端正正，但都不太想举手发言。在“茫茫人海”中，只能偶尔见到几只小手举过头顶，人人坐在椅子上“坐收渔翁之利”。

——荣军

咦？怎么回事？背错了！唉，真丢脸！老师也愣住了，让我们重新背，并对我们说：“别紧张，放松一点儿好了。”可是，老师啊，后面有十几双眼睛盯着我们哪，哪里敢放松啊！不知不觉下课了，听课老师们走后，同学们像解放了似的，笑着，闹着，玩了起来。

——佳妮

这回，我可真像热锅上的蚂蚁——团团转了，有那么多双眼睛盯着我。“千万别在听课老师面前丢脸啊！”我一直叮嘱着自己，可我真的想不出来呀！而且，也不知是哪位老师，竟拿出相机来拍。在这么复杂的情况下，我结结巴巴地瞎说了一个答案，当时真想找个地洞钻下去呀！

——婧哲

这几个孩子基本上属于紧张拘束型，在陌生环境里，谨小慎微，小心翼翼，犹如一只只小鹿时刻怕被惊扰，不敢有任何冒失举动，他们成为课堂上最安静、最安分守己的一部分，也是课堂上的被动者。

有些孩子则恰恰相反，以下是他们的记录。

我偷偷瞟了一眼听课的老师，有的老师脸上洋溢着甜蜜的笑容，有的老师安安静静地听着，有的老师甚至还板着脸，真是各不相同啊！

——晨阳

我好像慢慢适应了这堂特殊的语文课。到了后半节课，我如同是沙场上的猛虎，越战越勇了。

——佳昊

这节课结束了，老师们回去时笑着对我们招手。这次听课很成功，我心想：我们不会上电视吧？这可不一定。

——潘宁

显然，相对于前几个孩子的反应，这几个孩子显得轻松许多，他们会偷空转过头去看看听课的老师，判断一下他们的反应。他们在这个特定的场合里找到了一种别样的刺激，显得很是兴奋与享受，可见，他们的思维比较活跃，但是也不乏急躁情绪。

然而，不管是哪类学生，他们都有相似之处，即在课堂上受到了干扰，在这样的干扰下，他们的表现都异于寻常，这是我从去年上公开课后和学生的一次偶然聊天中发现的。当时，霖轩从教室里出来，我随口问道：“觉得这节课怎么呀？”“真累啊，坐得腰酸背痛！”他几乎不假思索地回答。我真是很惊讶，因为我看到的是他们的全神贯注——一般在这样的场合是不会有学生调皮捣蛋的，不曾想，他们看似专注的外表下竟花了很大的心思来克制自己的言行，也因此，反倒分散了对课堂内容的关注。我不甘心，又连续问了几个学生，他们居然都有类似的感受！今天，阅读孩子们“被听课”时的心路历程，我也只是做了再一次的验证罢了。

由此，我不禁在想，孩子们到底需要什么样的课堂环境？什么样的课堂才最有利于他们的学习呢？

首先，应该是自然的。课堂里有熟悉的老师和同学，老师全身心地关注着每一个孩子，以适当的方式引起学生的注意与思考，身处这样课堂的孩子会从内心深处感受到一种愉悦和安全。每一个学生都是不同的，他们的知识积淀、智力结构、性格特征，包括走进每一次课堂时的情绪状态都是不同的。当这么多不同的生命个体同处于一个课堂时，他们的学习行为、学习能力、学习效果也必然是不同的。有的学生善于倾听，有的善于表达；有的反应灵敏，有的思维迟钝；有的不教就会，有的总要出错；有的身体好精神棒，有的不舒服容易疲倦，面对这些，教师要有耐心，对每个学生都抱以期待与永远的信任，让每一个学生知道他是这个课堂上的重要成员，不管学得快或慢，不管说得对或错，不管坐得直或弯，老师和同学都会包容他。显然，这样的课堂充满了真诚，充满了尊重与接纳，这样的课堂为每个孩子敞开了大门，他不必拘谨，不必慌张，不必恐惧，这样的课堂也必然会使他们的生活方式从一成不变转向寻求发展，从依赖他人转向依靠自己，从墨守成规转向富于创新精神，从谨小慎微转向接受自身的现实。我想，从一定意义上来说这才是真正的学习情境，在这样的情境里，我们可以看到学生的成长，感受到生命的延展，教育能在这样的生成中得以实现。

其次，一定是自由的。自由不是自由自在、随心所欲，所有纯粹根据意愿来选择的行为必然是混乱的。自由的前提是规范与责任，自由指向人的生命的完整性。一直以来，孩子们见惯了课堂上教师的“颐指气使”，他们自小就被灌输了很多的是非观、价值观，由此，他们的心也因受到严重制约而成为“碎片”。而真正好的课堂应该是光明和智慧之地，是让心灵自由驰骋的广袤天地。自由的心灵是悠闲的，拥有一颗平静的心，让学生不受任何外在功利驱使地学习，不止学习科学、历史、数学知识，也学习认识自己。它意味着纯真与好奇，意味着积极的实践和对未知的渴望。如果孩子们能更警觉于一片阳光下飞舞的叶子，一朵大雨里摇摆的花朵，一个词语，一个符号，那样，他们才真正获得了自由。只是，自由在哪里？克里希那穆提告诉我们，发现自由，不是通过对它的寻找，而是通过领悟。是什么禁锢了心灵？当这些禁锢的围墙被打破时，那自然便会有自由。所以重要的并不是如何达到自由或询问什么是自由，而是去问为什么心灵——它是时间和环境的产物，它有着那么多悲伤而又混乱的经验——是不自由的。

如果说孩子们“被听课”还只是偶尔发生的，那么，如果他们正“被上课”“被学习”呢？或许，在缺少了自然与自由气息的课堂里，我们永远无法到达预想中的美好未来。

怎么在复述中生长

在语文教学中，经常会有请学生复述课文的环节，比如，今天学习的《牛郎织女》一课。

一般，复述时主要是请学生借助文中的重要词句，以及部分自己的语言，按照课文的条理进行讲述。这样的复述确实能促进学生对课文内容的理解，帮助学生记忆，发展学生的逻辑思维，提高学生的口头表达能力。然而如果仔细推敲，会觉得这样的复述过于工具化——更多注重的是复述技能而非人文情感，是内容的再现而非创意生成。因此，学生对待复述的态度也通常是完成任务而已。

如何让复述变得更有意思一点儿？更带感情色彩一点儿？更富生长意趣一点儿？在组织学生进行《牛郎织女》的复述时，我做了一些小改变。

熟读课文之后，我先请一位学生来试着复述课文内容，帮助大家一起理清课文脉络，建构整体形象，之后进入对故事人物形象的赏析。学生结合对故事细节的揣摩，不断丰富着自身对人物的认识，进而明白，原来一个故事真正吸引人的地方，一直都在细节中。

“那么，是否在复述时只要对这些细节进行生动呈现就可以了呢?”听我这么问，学生纷纷点头。但显然没这么简单！“牛郎照看那头老牛很周到。……”我把关于这个片段的叶圣陶的原文打在屏幕上。学生个个瞪大眼睛，嘴巴张得老大：“啊，这么长啊!”“写得这么具体啊?”的确，叶圣陶的原文比课文丰富得多，展开后的内容让我们更好地感受到了牛郎与老牛之间的情谊。经过比较，学生明白了，原来课文的很多内容是被缩减了的，当我们把这些内容还原或进一步拓展后，人物的特点及人物之间的关系才能表现得更为淋漓尽致。“让我们再次回到这个故事看看，你觉得哪些部分可能还有更多的细节藏着没有写出来呢?”这下，学生可兴奋了——所谓“猜”，其实对他们而言，便是一次再创作，果然，他们说得头头是道。

“我觉得开头写到牛郎孤苦伶仃，可以想象一下他生活的情形，比如，他名字的由来。”

“我觉得老牛临终时嘱咐牛郎剥下它的外皮，这时牛郎一定会于心不忍，那么他一定会说些什么，想些什么。”

“我觉得牛郎和织女相遇时书上写得太简单了，可以展开一下。”

“还有，他们幸福生活的样子也可以具体说说。”

……

学生从来不缺乏想象，从他们的交流中可以分明感受到这一点。他们抓住了人物的内心，也希望通过情节的具体化更清晰、更浓厚地表达出文中人物的情感。

于是，我让学生在四人小组里试着把这个故事说得更具体，可以选择一个人主讲，其他几位同学辅助他想象，也可以按照顺序每人轮流讲一部分。

有了前面的原文示范，有了学生之前的提示，还有小组成员之间的启发，每个学生都很投入，说得很带劲儿，之后的全班讲述也同样精彩。

让复述再多一点生长的空间，学生也便多了一些实践与收获的可能。

体会“含糊”之妙处

在教学《寻隐者不遇》这首古诗时，我主要在体悟诗情、领悟其妙处方面做了调整。

之前的教学是先出示相关评论，引出这首诗的特色——含糊其辞，妙在其中，然后请学生讲讲自己对这两个词的理解，再回到古诗本身去探究：到底含糊在哪儿？妙在哪儿？

探究过程中，我以提问做引，如“读读这首诗，看看哪几句是诗人的问话，哪几句是童子的回答”，从而让学生体会其“寓问于答”的妙处。又如，“你觉得诗人在找的时候心情如何”，从而体会其情感的一波三折。最后问：“诗中的主角应该是隐者，诗中却只字未提，你能从字里行间捕捉些什么吗？”让学生试着从一些细节处去体悟隐者的高洁。至此，古诗的几大妙处被一一揭晓，学生也顺利完成了关于“含糊”到底妙在哪里的探究。

现在的教学几乎将原来的教学顺序完全改变了。

在简单理解完诗意之后，我抛出一个话题：这首诗一共有20个字，意思明白浅显，为什么能成为经典长久地流传下来呢？它到底有什么妙处呢？让我们一起来找找看好吗？

对这个颇有挑战性的话题学生很感兴趣，开始积极思考。之后有学生说，以往学习古诗，作者都会表达某种情感，这首诗好像没有。“真的没有吗？”听我这么一问，学生若有所悟，最终他们在诗中发现了隐者的存在，以及作者对其高洁品格的赞赏。“还有吗？”学生的思考继续。有的学生说，这首诗很奇怪，只提了一个问题，却有三句回答。我追问：“那么，你们能试着把另外的问题补充进去吗？”两名学生当堂进行了表演。然后我顺势告诉学生，这叫“寓问于答”，最后，学生发现了作者心情的变化。在总结时我这么说：“原来在这些明白浅显的诗句背后，还隐隐约约藏着这么多的妙处啊，这可真是‘含糊其辞，妙在其中’啊！妙吗？”学生用力点头。

什么样的教学顺序就体现了什么样的思维方式。两相比较，显然，原先的教学中教师占据了绝对主导的地位——告诉学生，引导学生，然后让学生去求证，再次确认教师的正误。后者是从学生的内心出发，点燃他们的好奇心，让他们去探究，去发现，最后帮助他们梳理与归纳。在整个过程中，学生的思维是不受束缚的，每个人都有自己的发现，每个人都在体验思考的辛劳与快乐，每个人都是自己学习的主宰。

未完成的文字

我在看到《安塞腰鼓》这篇课文时，先是惧怕。《安塞腰鼓》这么一篇大气磅礴的散文，这么多精彩纷呈的词语和句子，这么陌生的地方文化，我到底要怎么教？如果尽情地朗读，对词句的咀嚼肯定不够；如果理性地赏析，对激情的共鸣肯定不够，总之是无从下手，甚至想直接跳过。

后来却成为一种享受。说是享受，其实也历经了一个逐渐升温的过程。因为经过我反复揣摩，还是将它定位为“定篇”，决定将这篇课文讲个通透——有的时候讲，并非是全然不好的。

第一个核心：语言为内容服务

（1）整体感知。先请学生通读全文，然后用文中的词语形容一下安塞腰鼓。很快，豪放、火烈、奇伟磅礴、充满力量、使人战栗、惊心动魄等词语从学生的口中说了出来。读过课文后，我问学生，感觉这些词语怎么样，学生七嘴八舌：“很大气、很宏大、很爽、很嗨。”说得多好！我顺势告诉他们：“语言都是为内容服务的。安塞腰鼓是豪放的，作者所选用的语言是宏大的，这样才能将文字与语言匹配起来。”

（2）部分进入。既然文章字字珠玑，那就好好还它个“珠圆玉润”。我让学生再读一读课文，思考一下读到了多少画面，一群后生、一片高粱地、一只只腰鼓、一种种神情、一丝丝风……“为什么能读出这么多内容？”“因为一个又一个短短的段落，将我们的目光锁住，锁向一个又一个画面。”“那么，从这些画面中你能读出什么?”很多学生不假思索：“安静!”“仅仅是安静吗?”我的追问让学生进入思考状态。通常，不假思索说出的话都是不具有思维含量的。学生开始安静下来，回到文本。“‘身体一侧的腰鼓，呆呆地，似乎从来不曾响过’，这里好像有一种动态。”“不是没有动吗?”“似乎从来不曾响过，就像是沉寂了好久，只是等待今天的这一刻。”“哦，对对，蓄势待发。”旁边有学生附和。从不动的地方读出动来，这样的体悟显然更加深入了。“还有吗?”教师的追问有时就像是一把钥匙，可以打开智慧之门。有学生说道：“那南风吹动了他们的衣衫，像是暴风雨即将来临，他们的内心也开始蠢蠢欲动。”

我又问：“‘但是，看!’三个字就是一个段落，为什么不和下面一段合起来?”“我知道了，曹老师。”亦弛马上举手，“上次学《轮椅上的霍金》那一课时你就跟我们说过，当我们想要强调的时候，可以另起一段来写，这里也是强调。”学习后能举一反三，值得赞扬。“那么，它为什么不写‘精彩的安塞腰鼓表演马上就要开始了，大家看!’呢?”“因为这样写好像一下子有了变化，一下子就把我们吸引过去了。”学生的感受多敏锐啊。就像他们说的，这样的句子是短句，它的节奏很鲜明，读来很有力度。

那就一起来看看吧！我指名学生朗读，朗读后我问道：“你们看到了什么?”通过这样的问题，让文字幻化成画面，让文字又一次鲜活起来。

第二个核心：层次的递进

其实文章板块很清晰，就是每一部分结束后都有一句“好一个安塞腰鼓”。不过仔细读又会发现，这些板块的排列并非并列式的，而是有层次的递进。

(后续：其实，这篇随笔写了大概有一个月了，整整一个月的忙碌，竟让我无暇再顾及这篇文章。直到今天，当我打开来想继续写的时候才发现，曾经的感触也像时间一样一去不复返了。既然如此，也就不再勉强自己了。这样一篇未完成的文字，也算是对自己拖延的一个警示吧。)

驯养成一朵独一无二的玫瑰

又一次教《安塞腰鼓》，读到文章开头和结尾那些“静”的画面，我忍不住慢慢地反复读起来。学生也能体会到这种美好吗？我该如何引领学生去体会这种美好呢？

我觉得需要一小段一小段地出示，一小段一小段地读。

我让学生用一个词语来形容一下这样的场面，学生纷纷说出“安静”“沉稳”“朴实”“呆呆地”……“怎么读出来的？”“他们的神情沉稳而安静。”“紧贴在他们身体一侧的腰鼓，呆呆地，似乎从来不曾响过。”“身后的高粱地也很安静。”我追问：“可是高粱地里分明有风吹来，你看，高粱叶子在动，他们的衣衫也在动啊？”学生的眼神中闪过一丝迷茫。马上有学生说道：“不对不对，有风，感觉更静了。”“可是，不觉得这种静又有点不一般吗？好像……”“好像藏着一种力量。”“好像马上要爆发了。”学生也像突然爆发了一样，开心得很。很多时候，思维的突然迸发的确会让人产生极强的愉悦感。

的确，文中的后生们是安静的也是热闹的，高粱叶子是安静的也是轻轻晃动的，腰鼓是“呆呆”的也是即将活跃的。所有的安静都是动的，所有的动里更凸显出静。画面交织，彼此衬托，达到了多么神奇的效果！

再看文章结尾，同样如此，静，更静了。

此刻教室里也很安静！有学生开始制造音效——一把小尺子落到地上。

“啪嗒，不知谁的尺子掉在了地上。”我抬起头。

“教室里的空气停顿了。”梓禹继续。

“安静得连一根针落地的声音都能听到。”志文张口就说。

“嗯，这个句子有点老。”我摇头笑道。

“没有一点儿声音。”志文重新说。

“后山，也很安静，好像在低着头倾听。”俞陈把画面转移到教室外面清晰可见的后山，视野一下子开阔了起来。

我对学生说："今天回家后也找个安静的地方走一走，听一听，感受一下，然后把它记录下来吧。"学生们笑着点头。

此刻我没办法呈现出学生笔下的安静，因为我迫不及待地要记录下上面的这些情景。

有时我想，真心诚意地传递自己对文字的喜爱，并影响学生对文字产生感情，这大概就是语文教学的要义。用魏智渊的话来说，这便是一种"驯养"，是把每一个文本"驯养"成一朵"独一无二的玫瑰。"

以下是部分学生的记录。

离窗户不远处的后山静得出奇。

但是，听！伴随着一声鸟鸣，整个林子发疯了。羊叫和鸡啼成了一首双声部的歌曲。

——龚熹

我漫步在树林里。

满眼都是闪烁着莹莹绿色的树。

夜晚，有一轮明月，唱着旷远的歌。远处是林间小屋，它褐色的墙，不注意就无法看见。

风带动了空气。空气素来就恬静，禁不起摆弄，"咻"地慌了神，轻轻带动了地面熟睡的小草。

——朱吕旸

石头死了，空气枯了。

教室里特别安静。

秋风吹过了每一个楼层，也吹过了我们的发间。

——徐诗懿

我背着沉重的书包回到家中，打开密码锁，"嘀—嘀—嘀嘀嘀嘀"。

门开了，里面空无一人。窗户开着，窗帘飘动着。

我穿上拖鞋穿过走廊，"啪嗒！啪嗒！"的回声不停地响着，直至我坐到椅子上。

——廖欣欣

做完一天的事，坐在沙发上。

我沉默了，房间沉默了，世界沉默了。

“世界曾有过声音吗?”我想。谁——一切生灵——都不愿破坏这一刻的安静。

——陈思清

以语文的方式

就像每个人都有个性一样，学科也有其独特性，因此，语文，有些时候就应该以语文的方式来学。那么，语文的方式是什么呢？其中一条就是将自身的感受化为具体的语言。

案例：沙漠中的绿洲

（出示迪拜风光图片，学生欣赏。由于图片很精美，学生不时发出“啊！啊!”的感慨。）

师：你们在“啊”什么呢？到底看到了什么，能用语文的方式表达出来吗?

（学生会意地微笑，思考片刻后纷纷举手。）

生：我看到了高耸入云的酒店。

生：我看到了鳞次栉比的摩天大厦。

生：我看到了纵横交错的马路以及令人眼花缭乱的灯火。

生：我看到了商店里琳琅满目的商品，里面的人多极了，熙熙攘攘，很热闹。

生：我看到了豪华的高级轿车，可见那里的人们的生活水平很高。

……

师：哦，现在我终于知道你们在“啊”什么了，你看，我们学了语文后就能用恰当的语言表达出内心的感受了，多好啊！

（学生个个点头称是。）

师：课文后有道习题，让我们写一段话描述一下迪拜的风光，你现在会写了吗？

（学生纷纷拿起笔开始流畅地书写。）

语文就其工具性而言，担当着提高学生语言表达能力的义务。因此，教师应该努力为学生创造表达的机会，引导学生进行规范表达，并向具体和丰富的语言技能发展，切实提升语言表达能力。

就上述案例而言，学生不由自主发出感慨后，我鼓励学生用合适的词句将自己的感受表达出来，学生便开始搜索信息，在交流中彼此补充，营造了具有浓厚语文气息的学习场。同时，你一言我一语的表达也为接下来的段落描写打下了坚实的基础。

酿文字这坛酒

以下是我讲授《田园诗情》一课中的几个教学片段。

片段一：品味宁静

师：同学们，再次品味课文的第五、第六自然段，哪些词语勾勒出了牧场傍晚的宁静？

学生埋头读，边读边圈画。

生：严肃，沉默，偶尔，一片寂静，谁都不，也没有，默默无言，微弱的光芒……

随着学生的交流，我将重点词语一一写在黑板上。

师：再读读这些词或这些短语，你有什么感觉？如果让你用一种颜色来形容这些词语给你的感觉，你会选什么？

生：我觉得是蓝色，浅浅的，辽阔的。

生：我觉得是黑色，一片漆黑，很安静。

生：我觉得是淡色，柔柔弱弱的，生怕打破这一份宁静。

生：我倒觉得是深色，因为在深夜里，一切都归于平静了。

师：大家说得好极了，可是，我有点不解的是，明明是描述一片寂静，为什么还要写汽笛声，写灯塔上微弱的光呢？

生：老师，我觉得这样一写反而让我们觉得更静了。

师：是啊，静谧中的一点声响，漆黑中的一点光亮，都反衬了当时的静。其实，在一些诗句中也有这样的表达效果，比如——

学生思索起来，小颖的反应很快，脱口而出：“姑苏城外寒山寺，夜半钟声到客船。”

片段二：感受热闹

师：有哲人说过：“文字是生命的酒。”不同的文字可以酿出不同的酒，于是，风格不同，味道也不同。再来回忆一下，在这本书中，哪些课文中的文字营造出了全然不同的热闹或热烈的画面呢？

学生没有翻书，很快就叽叽喳喳嚷开了：“《天安门广场》《虎门销烟》……”接着，我要求学生边读相关段落边圈画出能表现场面热闹的词语来，之后有选择性地一一板书。学生认真地看着黑板上用两种不同颜色书写的两长串词语，看起来似有所悟。

师：读着，对比着，你感受到语言的魅力了吗？只有运用合适的词语，才能描绘出我们想要表达的画面和情感，这个过程就叫斟词酌句，明白了吗？

学生纷纷点头。

片段三：我的宁静与热闹

师：回忆一下，哪些时候你也曾感受过一份别样的宁静，或是特别的热闹？

生：考试的时候很静。

生：我在图书馆里看书的时候觉得很静。

生：我有一次看错了时间，一大早来到学校，那时候学校里一个人都没有，很安静。

生：我们学《东方明珠》时讲到香港的闹市口非常热闹。

生：国庆节的时候大街上人来人往，很热闹。

……

师：那么，选一个令你印象深刻的安静或热闹的画面来写一写吧！让我们一起在斟词酌句中感受凝神思考和用心书写的快乐。

就这样，无须多言，学生便开始了遣词造句，描述画面。

只用了大概二十来分钟的时间，学生纷纷搁笔。于是我请几名学生来朗读，他们的表现都很精彩，忍不住想要展示一番。

马路，是一个吵闹的地方，而我不这么认为。

我跟着妈妈去王庄上班，早晨六点就出发了，幽静的楼梯口只有我们的脚步声，窗子里射进来几丝微弱的光芒。

马路上一片寂静，看不见一辆汽车的影子，听不见一声汽笛的鸣响，现在的马路，就像一位严肃沉默的绅士。

马路边，偶尔传来"一二一、一二一"的声音，这是早晨锻炼的爷爷们。过了一会儿，马路又归于平静。

这就是真正的早晨。

——施天任

夏夜，是光的夜。

满天的星星闪烁着弱的光，静静地躺在天的怀抱里。月，弯弯的，暗暗的。萤火虫跑前跑后，像活泼的孩子。

夏夜，是虫的夜。"吱——吱——"，蝉儿不时地跟我们说着悄悄话。

……

——赵佳盈

晚上，猫不再窜出来，狗不叫了，只剩下月亮和星星。无声的小巷，沉睡的猫狗，漆黑的夜幕，只剩下那一座沉重的钟塔偶尔在那"当——当——"地报着时。

——徐怡辰

"以词的灵魂写作"的立陶宛作家米洛兹，他对每一个词总是充满无限的虔诚与崇敬，总是感动于每一个词的生命热量。比如，当他写到"爱"这个词的时候，便因为"爱"这个词所饱含的神圣、欢乐、温暖、无私、纯洁、完美等精神元素和象征意义而热泪滚滚。语言从来都不是孤立的存在，每一个词都布满了历史的脚印和充盈着生命的呼吸。作家的情感总是格外细腻，能够对词语情真意切地触摸与凝视。然而，我们也一样。当词语在心灵间汩汩流淌，我们便在文字的沉浮中度过了一段新奇、全新、真实的生命旅程，于是，我们就拥有了丰富的人生。

如果我的学生也开始凝望语言，如同凝望秋天长空下的一株树，那么，他们的生活该会多大的不同啊。

第三章

和童年一起奔跑

第一节　遇见一些人

爱

我问小草最爱什么
小草轻轻摇晃
最爱辽阔的大地
我问老师最爱什么
老师盈盈微笑
最爱桃李的芬芳

学生：汪佳妮

罗恩·克拉克的传奇

因为要找一些灵感，我翻开了搁置在桌子上多日的那本杂志。

里面有一篇关于美国小学教师罗恩·克拉克的文章。对“克拉克”这个名字，孤陋寡闻的我刚从张文质先生的讲学中才知晓，看到这篇文章时我还无法确定此“克拉克”是否就是彼“克拉克”。

当我读完他的传奇，眼中开始不断积蓄泪水。

罗恩·克拉克的教师生涯是从走廊上开始的。当百无聊赖的他在走廊上等着校长的引荐时，那个被老师斥责“学不会，应该跟这桶垃圾一起扔出去”的小男孩正被撂在门外的垃圾桶里，孤独一人。克拉克走向他，问他：“我叫什么名字来着，抱歉有时候我太健忘了。”而问这句话前，克拉克刚和这个孩子互相认识了对方。当然，孩子很快说出了克拉克的名字，于是，克拉克弯下腰把孩子抱了起来，然后做出一脸恍然大悟的样子：“哦，你看，你不就学到了一些东西吗?”接着，文章中又写道：“男孩抬起头，问：‘克拉克老师，你会是我们的新老师吗?’”

此时，那张小脸上的表情会是怎样的呢？是挂满泪痕的期待吗？

克拉克的传奇从他强烈自荐前往纽约哈林区当教师的经历开始。

在拥挤不堪的纽约，在多次求职尝到“闭门羹”，在焦头烂额、面色灰暗的校长们屡屡扔出他的简历时，他终于逮着了一个机会——哈林小学门口，一名黑人教师叫嚣着甩手离开了学校，克拉克顶替他上了岗，来到了那个正演绎着“大闹天宫”的“成绩最差班”。

于是——

在宣布“我们是一家人”的头条班规时，他得到的是哄堂大笑。

在执行“吃午饭必须排队”这第四条班规时，他锁上了教室的门令大家排队，并“威胁”道：“如果我们中间有一个人不排队，那么我们都吃不上饭，因为我们是一家人。”

面对孩子们的冷漠无理，在他终于忍无可忍转身离去之后，他又像个“白痴”般归来，和顽劣的孩子们玩起了“安静听 15 秒他便喝一盒巧克力奶的游戏”。最终，克拉克捂着胃，呕吐不止。

讲台前，克拉克和孩子们点亮了蜡烛，他说：“……在这个教室里，我们每天都在蹦极，我们每天爬啊爬啊，现在到了顶端，是该跳的时候了。我要你们去享受那种感觉，那种飞翔的感觉。”此刻，教室里一片安静。

克拉克终于病倒了，他在家里为孩子们录像教学，每天录制四个小时，只是为了不耽误孩子们的课。这头，教室里，没有人吵闹，甚至没有人开小差，每个孩子都按照录像带里克拉克老师的要求认真地做着每一件事，这是一次远程教育，但也是世界上距离最近的教育。

在州立考试成绩公布后，校长兴冲冲地赶来宣布：“克拉克先生的班级，在州立考试中获得了第一名，成绩甚至超过了优秀生班。”掌声和欢呼声是那样响！孩子们全都拥到了克拉克的怀里！

这样急切地想要表达些什么的我，在电脑前忙乱地敲击着，却不知为何，思维停滞了，竟说不出个所以然来。

从他身上，我到底读到了什么触动我心弦的东西？

方法？克拉克的确很有方法，那奇特的班规，那喝巧克力奶的“壮举”，那蛋糕上的烛光点点，每一次互动都是一次唤醒。

同情？爱？冰心老人说过“同情在左，爱在右”，这样美好的情怀，若相执着行走在教育路上，会成就多少美丽的风景！我相信，在克拉克先生的心里，也是这样想的，看着萨美莎这个孩子在家里像个保姆般做着干不完的家务活，这个大男人撸起袖子，开始帮她做饭，只为了让孩子有时间做作业；得知肖恩和做毒品生意的小混混在一起时，他毅然带走了肖恩，帮助肖恩改邪归正。很多这样的瞬间便是克拉克传奇的全部内容，可是，瞬间往往便是永恒！

卡尔·荣格说过：“课程必须由一个个知识点构成，但对于成长中的植物和孩子的心灵来说，温暖才是最重要的。”克拉克的眼里必然充溢着很多温暖，那些布满伤痕以叛逆伪装着的娇嫩的心田在这温暖的光辉下，一点点被融化，并重新活泛起来！

这温暖来自克拉克的心，那颗只是想和孩子们成为“一家人”的朴素的心。最终，孩子们接纳了这颗心，最终，他们成为再也无法分开的“一家人”……

啊，别分离，

亲密无间，

与繁星相聚在天际！

里尔克的诗歌，我今天才读懂！

成濑诚一郎：他是一个“英雄”

午间，我埋头读的是题为《学校》的剧本，一口气读完。

文章的主人公成濑诚一郎做了二丨年隧道施工现场的督导，之后应小学恩师武市干城的邀请，到自己的母校新宫小学担任校长。我们或许会质疑，一个外行能在困难重重的情况下将学校管理好吗？然而，学校里的教师或学生似乎对此并不感兴趣。这样的淡漠，描绘出了这所学校的氛围——新任校长的满腔热血也因此显得格格不入。

开学的第一天，成濑就因处理一件学生打闹的事而被大家误会。面对大家异样的眼光和并不友善的提示，他义正词严道："我既然来当校长，今后就会轰轰烈烈地干自己认为正确和坚信的事。"因为正确，所以坚持，这样的誓言单纯而沉重。

接下来出现了一连串的麻烦：晨会时，学生纷纷坐在地上；学生田中因为不会背九九乘法表而单独被关在一间教室内，于是想自杀；一对心灵受伤的孩子竟在谈恋爱；学生上野交不出伙食费；大桥老师忍受不了班级学生而逃离回家；老师们集体反对成濑的种种想法……

在这样一所学校里，成濑就像一个独行的斗士。他暗自背下老师和学生的简历以便更好地认识每一个人；他和田中一起在隔离教室里吃饭，并说服田中和他一起背九九乘法表；他呼吁大家用心去做游戏，真诚地面对自己的内心；他想尽办法降低学校伙食费；他亲自去大桥老师的班级上课，并一次次敲响大桥老师家的门。

他的话更是掷地有声。

他对田中说："决定了的事就要做到最后，只要做到最后，一定会给自己留下些什么，只要能留下些什么，人就能把它作为自己的荣耀，有这份荣耀，人就能变得坚强……"

他对大桥老师说："校长二十四小时营业中。"

他对反对他的老师们说："我把学生和老师都当作家人看待。我认为，替家人的幸福考虑，就是校长的职责！"

故事的结尾是，全体师生合力保住了新宫小学不被撤校，成濑校长却必须辞职。在散学典礼上，成濑微笑着告诉了大家这个消息，并希望大家能心怀热情地活着，与其做一个被爱的人，不如做一个爱别人的人，爱家人，爱友人，爱恋人，爱自己的梦想，还有爱自己，爱所有的一切。

所有的孩子都静静地站着，听着，没有一个人坐下，心情都很复杂。

我也是，在这个初夏时节，我的心莫名有些沸腾。

是的，其实成濑没有做什么大事，他的工作很琐碎，他解决的问题有时并不需要那么费力，有很多事是他自寻麻烦，他担当了过重的责任，而且，我们不能忘记，他并不是专业的教育人士。他的做法朴素极了，那就是永远热情地面对生活，永远积极地寻求办法，永远不抛弃、不放弃。他真的像一个家长，不仅关心每一个家人的学习、工作，还关心他们的健康，关心他们的悲喜，关心他们每一天的具体生活。

爱，只要是真切的，便是有感染力的。因此，这所学校开始变得有点不同了，有了让人喜欢的气息。即便最终成濑还是要离开，但是，总有一种精神会留下来吧？

我有些动容，因为我也是一名教师，一名同样面对着种种不如意的教师，一名同样心怀梦想的教师。不同的是，与成濑这位“教育外行”的“教育行为”相比，我这个“教育内行”更常做的却似乎是“非教育行为”；而且，有时明知不正确，却仍在坚持。

本剧的企划将故事的主人公成濑视为“现代寓言中的Superhero”，这是很准确的描述。我理所当然地开始为自己找到一个托词——这是剧本，这是“英雄”，因为不真实，所以非我所能及也！

遗憾的是，类似这样的托词在我们的生活中是断不会缺少的。

张望自己

靠在床头，将张文质先生的《幻想之眼——一个教育者的内在冲突》轻轻合上，我心中泛起微微的伤感。我的记忆似乎总会忽略那些实实在在的事物，却会将心灵中那些细腻的感触捕捉下来。

读了张文质先生的文字后，我一路神游，不由自主地在恍惚间走进自己的教育星空，自己的内心世界。

关键词之一：记住恐惧

多年以后，孩子们仍会记得清晨的恐惧和哭泣。

真的会记得吗？能在之后经历了那么多互相交织的、复杂的事件中甄别、筛选出那种恐惧的情绪吗？

我也尝试着回忆，哪怕我已不是一个孩子。

真的很容易就想起来了，在那个狭窄的教室的一角，那个静静地面壁站立的，小小的我。只是因为和同桌一起搬凳子时闹了别扭，就双双被罚站，面壁反思，当时我委屈的泪水悄悄流下。时至今日，已为人师，我才开始努力去揣度当年那位老师的用心与无奈。

那么我的学生们呢？他们也会记得我不经意间带给他们的恐惧与哭泣吗？当我写下“不经意”这几个字的时候，我也感受到了我的虚弱与掩饰。

我没有勇气去问那些学生，就像我没有勇气问“你们在学校快乐吗？”这个记录在佐藤学先生书中的问题。我真的不敢，我既不敢过问学生的快乐，也不敢过问学生的忧伤。

不敢，或许是因为我知道。

关键词之二：忙碌

一个过于忙碌的人是没有自己的面目的，只有晃动的身影，他很多时候只被自己的身体带着四处奔走，他不再返回。

面对忙碌的现状，我已然不再抱怨，只是坦然接受。

只有心知道，我早已找不到自己的踪迹。

就像此刻，时间即将指向下午两点，我必须冲向教室，对学生们再次强调大课间活动的要求：着装整齐，步伐有力，动作到位，坚持到底！然后，在炎炎烈日下展开活动，充分实践“阳光体育”的内涵。

我有时找不到这样做的意义，我只是知道我必须这样做。

我也逐渐明白张文质先生力倡的养成记录的习惯。当夜幕沉沉，只有我一人独坐桌前，拾掇起白天细碎的点滴，用稚嫩的文字弱弱地写下几个词或几句话时，疲惫的身躯才重新恢复活力。

关键词之三：过去

生命何其短暂，很多时候，你来不及细看，来不及省思，面对扑面而来的过去，才知道自己已经走得很远了。

生命的短暂在回首时感受最深。当人们意识到昨天已经永远是过去，当下也即将是过去时，内心顿感沉重，也有些茫然。

还记得那天早上，我又朝雨晨发火了。因为上课铃响后，在我们就要开始讲课时，她忽然又冲向教室门口，众目睽睽下“咣当”一声将门重重地合上，然后自顾自走回座位。莫名窜起的怒火化为响亮的训斥，全班同学都被我吓到了，包括那两位端坐在后面的见习老师。

若不是看到张文质先生的文字，也许我现在都没有意识到当时我的失态，也许是习以为常了，也许是麻木了，也许是大意了，但我已经走得太远了。

关键词之四：凝视

如果没有更多的时间用于凝视窗外，我们怎么能相信生命仍然真实地存在呢？

我是个会受窗外景致的迷惑而陶醉的人。看着树叶绿了又黄，黄了又绿，我相信，生命仍然是真实存在的。

那天晚上，在院子里溜达，抬头仰望天空——有星星，真好！头顶正上方是一明一暗两颗星星，闪闪烁烁的样子极为可爱。我从院子的这头走到那头，仰望——奇怪，怎么那两颗星星仍在头顶正上方？我再从那头回到这头，再仰望——还在那儿！就这样，我不断地从这头走到那头，又从那头折回这头，可是，这两颗星星啊，就这么紧紧地跟着我，让我心生无限情愫。于是，我给远方的朋友发了信息：“赶快到窗前去看一看，你的正上方也有一明一暗的两颗星星吗？极可爱的那种。”朋友回道：“好像有好多星星，分不清是哪两颗！”呵，分不清没关系，抬头能看到就好。

关键词之五：路一直在走

路走下去，有多远？即使一直在走，其实也如同一步都没迈开，你不在这里，就在那里。无论何时总是这样。……一切终结都在生命之外，无法为生命所知晓，终结是一种空缺。

喜欢“在路上”这三个意味深长的字。哪怕生命是一场虚空，但我们一直走在路上。

淡黄的书页一页页翻过，仍有那么多我无法理解和不能企及的思想，但我并不难过，因为，先生的高度永远是我仰止的。可最终神伤的是我自己——原来，很多时候，我并不是我！先生是智慧的，他能注视自己，享受与自己对话的快乐。我呢？我又是谁？我又在哪里？我……

有这样的发现，是否真的值得高兴呢？先生！

师恩难忘

近日，我在读柳鸣九先生的《“翰林院”内外》，看到先生用极其诚实、质朴的文字回忆他的恩师，在被感动的同时，也想到了我的老师们。

我小学时光的前五年是在一所农村小学度过的。矮矮的围墙里大概有五六间教室，呈直角形排列，转角处还有一段短短的走廊。操场不算小，每次开学前全校师生都齐刷刷地蹲下去割掉那些疯长了一个假期的杂草，总是笑语喧哗，成了小学时最真切而独特的回忆。教室里的课桌是一块块的水泥板，下面撑着一些砌好的砖头，颇为牢固。凳子都是我们从自己家里搬去的，记得为了搬凳子，我还和爷爷闹过别扭。因为人少，教室少，老师少，所以学校将两个年级合在一起上课，长大后才知道那叫复合班。

一年光景的幼儿园和一、二年级的语文都是由朱老师教的。我对于朱老师的印象已不是特别清晰了，只记得她很清瘦，脸很白净，眼睛特别亮，很受大家的尊重。小小年纪、小小个头的我常爱趴在高高的讲台旁看朱老师批作业，朱老师总是笑眯眯的，给我派一些小任务，而我总是乐颠颠的，像得到了什么特殊奖励似的，可带劲儿了！偶尔碰到考试，我就更开心了，因为朱老师总会表扬我，顺带着送我一本薄薄的本子。升到二年级后，我就时不时地被安排看管坐在同一个教室里的低年级的同学了，好不得意。现在想来，当老师的念头或许就是在那时萌发的。

朱老师是高中毕业生，学习基本功颇为扎实，拼音读得很是标准，这在当时的农村小学来说已经很不错了。在朱老师的熏陶下，我这个从农村出来的孩子普通话一直还算标准，这也为我顺利就读师范院校打下了基础。

由于当年的相对优秀与老师的宠爱，我在同学当中树立了极高的威信。那时候，什么都不懂的我们爱玩“摆大王”，自然，我在班里便成了“大王”。于是，我经常能收到一些小礼物，比如，一个山芋，或是一个粗布沙包，而我，最重要的责任就是，在班里发生一些芝麻绿豆的小事时就带头唱那首“告诉老师歌”。时间一长，我越发觉得自己了不起了。

有一次，学校旁边的一家人办喜宴，便到学校里借了很多凳子。第二天到校后，很多同学都自发地去村民家把凳子搬了回来。忘了是为什么，我和同桌竟然都没有去搬，俩人都不太高兴，就这样僵着直到上课。朱老师进来后，看我们两个板着脸站在那儿，气得让我们站到了教室的角落里，这种惩罚就叫“立壁角”。这是怎样的“耻辱”啊！当时有没有哭鼻子我已经忘了，只记得后来很不情愿地去把凳子搬了回来。

这件事牢牢地印在了我的记忆深处，每每触及，便生发些许感慨。想来我当时对朱老师肯定有很多怨恨，长久地成为心中不快的记忆，而今，我已长大，也已为人师，我终于慢慢理解了当年的事。当年，我得到的和其他学生一样的“惩罚”让我的虚荣心被辗得粉碎。虽然当时也很难过，但随着时间的流逝，竟逐渐转变为一种警醒：要友善，戒骄戒躁，要看重身边的每一个人，因为，你只不过是众人中的一员而已。

小学的最后一年我转到了镇上的中心小学，当时的班主任是一名年轻的男老师缪老师。

缪老师有着帅气而儒雅的外表，待人也极和气，这对从农村小学来的我来说有一种极大的吸引力。更意外的是，刚转入新学校的我竟被缪老师安排做了副班长，虽然较之从前降了一个“级别”，但那种被肯定的自豪感油然而生。带着一种朦胧的喜悦，我开始了一段新的旅程。

缪老师是正规师范毕业生，在他的课堂上，我有些愕然，原来语文课可以这么上！他常会就某一个话题让学生进行交流，这种宽松的学习氛围却令我有些无所适从，要知道从前的我们只要认真地听、认真地做就行了。终于有一次，缪老师在提出问题后叫我回答，虽然我如往常一样没举手。其实，缪老师的这个问题我早已在心里勾勒好了答案，可不知为什么，在被叫起的那一刻，我竟愣在那儿什么都说不出来。我觉得，缪老师肯定对我十分失望。不但如此，最后的答案和我心里想好的答案几乎一字不差！当时的我，懊恼、沮丧、委屈，各种情绪一股脑儿涌上心头，那复杂的味道至今记忆犹新。

我知道为何自己至今还偏偏记着这样一件小事，甚至还记着那节课是《老科学家下乡》，那是因为，这件小事真实地暴露了我的性格，那之后，缪老师就不怎么叫我回答问题了，只以为我是“内秀”的人。当然，缪老师仍是偏爱着我的，因为我的学习很优秀。毕业考试之前，缪老师把我叫去他的办公室谈话，希望我能考进全县前三名，而我，也真是奇怪，偏偏那次考试发挥失常了。

就这样，我带着遗憾，离开了我极为留恋的小学六年级。

这么多年过去了，这份遗憾始终未曾被抹去。我像要自我证明似的，或是想要寻找另一种方式表达和回报，无论是读书还是工作，我从不懈怠，一直以最投入、最认真的态度对待，直至后来参加中层干部竞聘，竞聘时，我努力克服内心的胆怯与羞涩，自信地走上演讲台，最后取得了成功。那一刻，我笑了，我觉得，似乎再也无愧于缪老师了。

帕尔默在《教学勇气——漫步教师心灵》一书中谈及引导我们走向教学的某些交汇点的本源时说道，与启发、引领我们心灵的导师相遇是其中之一。因为心灵导师的力量不一定在于提供给我们好的教学模式，因为教学模式回答不了“我们当教师的到底是谁”这个问题。心灵导师的力量在于他们能唤醒我们内心的真谛，这是多年后我们通过回忆其当初对我们生活的影响，可以重新点燃的真谛。

第二节　打开一本书

从门里走进来的风

呼——

风，从门里走了进来。

书页唱歌，

发丝拂面。

是谁，

偷走了我的思绪？

学生：李卓君

与雅斯贝尔斯对话：读《什么是教育》

一、教育的三要素

教育包括哪些要素？教育者、教育环境和受教育者。是的，您在绪言部分就将这三个基本要素提了出来并加以陈述，为全书的展开与深入提供了依据。

1. **从反面角度定义“教育者”**

您说：“教育者不能无视学生的现实处境和精神状况，而认为自己比学生优越，对学生耳提面命，不能与学生平等相待，更不能向学生敞开自己的心扉。这样的教育者所制订的教学计划，必然会以自我为中心。”这一连串的“不能”是对“以我为中心”的最好诠释，不管我们是否承认，这种角色定位都真实地存在着。学生的现实处境是什么、精神状况如何，教育者岂会不知？而现在教育中也提倡“与学生平等相待”“向学生敞开自己的心扉”，然而这常常只是一种说辞，更多的时候，教师威严的不可挑战才是我们固守的理念。而且，我们总是认为：只有将内心紧紧锁住，我们才能更为“顺利”地完成教育目标。

我知道，从一开始，我们就是错了的；如果错在了根源处，教育还是该有的教育吗？

2. 教育环境是不可或缺的

任何人都不可能脱离良好的教育环境而获得发展。您说：“环境能影响一个人一生的价值定向和爱的方式的生成。”对此我有点讶异，我一直以为，人在教育环境中是为了获取知识，当然还有精神的培育（也可以指“价值定向”），但我没想到“爱的方式”竟然是这么重要的内容。也是，用爱的方式传递爱、播种爱，让每个人都沐浴在爱与善良里，这是多么美好的事。让人受教育，不就是要让每个人都变得更好、让这个世界变得更好吗？残酷的是，“现行教育的运用恰恰阻碍了爱的交流”，那种“机械的、冷冰冰的、僵死的方式”成了教育惯常的呈现方式。

原来，我们给予学生的教育环境是如此不恰当，教育，还能是原来的教育吗？

3. 青年学生

您在书中清楚地写着，青年学生已意识到要成为完整的人全在于自身的不懈努力和对自身的不断超越，并取决于日常生活的指向、生命的每一瞬间和来自灵魂的每一冲动。是我愚钝吗？否则为什么我不能在学生身上看到这些意识的存在。相反，我看到更多的是旁人对学生的督促，反复督促。是不是我们太急躁了——在他们尚未形成这一意识前就已经等不及了；还是我们太“强大”了——热望盖过了努力本身；抑或是我们对结果的要求远甚于对生命内在的唤醒——他们被漠视了，他们没能得到应有的尊重，所以他们才开始“逆反”。

“毋庸置疑，年轻人都希望受教育、能从师获益、能进行自我教育，并与人格平等的求知识获智慧的人进行富于爱心的交流。”读到这儿，我似乎有点明白了，如果教育者的角色定位是不恰当的，如果学生所处的教育环境是不够友好或缺少交流的，那么，青年学生又何以能自我觉醒、自我教育呢?

可见，在教育的三大要素中，虽然青年学生是主体，他们的力量却是最弱小的，不得不受制于前两者。

二、教育的三种方式

您在书中说，教育方式可分为三种：训练；教育和纪律；存在之交流。之前的我总是以为，这三种教育方式应该都包括在教育的范畴之内。

我在此思考了很久，因为在想，这三种方式确实不错。

说到“训练”，我们最容易联想到的是什么？动物园。动物饲养员一手拿着食物，一手指挥引导动物，成功了就给动物一口吃的。如此反复，不断训，不断练，动物的一些技能就娴熟了，这算不算教育方式？算。但这是不是教育？显然不是。

那么，到底什么是教育？您说：“教育是人与人精神的契合，文化得以传递的活动。”在之后的一节中，又进行了更具体的阐释：“所谓教育，不过是人对人的主体间灵肉交流活动（尤其是老一代对年轻一代），包括知识内容的传授、生命内涵的领悟、意志行为的规范、并通过文化传递功能，将文化遗产教给年轻一代，使他们自由地生成，并启迪其自由天性。”我想，如果将这两句话进一步浓缩，是否就是“在交流里契合，在传递里生成”？用交流的方式敞开彼此的心扉，于是，知识的、生命的、意志的、精神的，就在彼此的交融中实现传递，实现生成与生长。虽然用了“彼此”一词，但这个过程仍然带有一定的倾向性，即老一代传递给年轻一代，至少在一段时期内如此。那么，它和“训练”的不同到底在哪里？我觉得应该是两者的指向不同。“训练”仅指向外在的行为，而“教育”应该触及内在的灵魂。因为，“启迪其自由天性”的要义即让其在不断的交流与对话中实现自我意识的觉醒，在“自我强迫”中实践自我成长。

最后是“存在之交流”，或者是“交往”。您认为，交往就是“双方（我和你）的对话和敞亮，这种我与你的关系是人类历史文化的核心”。的确，交往需要的是双方的交互，彼此的往来。当然，交流的方式也是多样的，可以是一个人和另一个人，可以是一个人和一本书，甚至可以是一个人和某个地方、某种景致的交流。关键在于，无论在哪种境遇里，双方都是真诚的，都是全身心投入的。如此一来，我们便会在不自觉中获得教育，抑或是实现自我教育。

至此，对于之前的疑问我似乎有点明白了。前面的“教育方式”其实指的是广义上的教育，而后面的“教育和纪律”更多指向的是现实生活中普遍实施的相对狭义的教育。文中提及的这三种教育方式是不同角度、不同层次分类下的教育。

三、关于计划

再次捧起这本书，竟已是新学期了。

前几天，我规定自己一周内读完第四章。我的速度有些慢，因为阅读的过程于我而言是以句子来计量的——几乎每一句都要停留、思考，如果不懂，就再读，再思考。

1. 计划的必要性与全盘计划的危害

这一小节的标题是“计划的必要性与全盘计划的危害”，我以为书中肯定是从这两个方面来阐述的，后来却发现，两部分内容似乎并未被清晰地分开来。我又反复翻看了几遍，猛然间意识到自己思考问题的局限：很多事情都不是非此即彼那么简单的界定，有时是融合的，有时会互相转换，有时甚至最终趋向一致。

计划之重要不言而喻。“我们人类的全部存在是以有意义的计划为基础的。”“人类制订计划的原初意义是为了治理大自然以有利于国计民生。”可见，有意义的计划是行动的基础，是前提，也是途径，它涉及一切的存在，它是促使这一切存在都能更合理、更有效地发挥作用的保证。

那么，到底什么样的计划才是有意义的？我以为应该就是您一开始说到的“在特定情况下不可缺少的细节安排”，“是在人类能力范围内的自由施展”。如果结合这两点看，就是将能力范围内的事物做好细节安排，从而让人实现“自由施展”。的确，教师做好了有意义的计划，才能给学生创设思维的空间，让他们自由地思考、自由地活动；学校做好了有意义的计划，才能给教师提供发展的空间，让他们自由地吸纳、自由地成长。计划内的自由才是真正的自由；任意的自由则很容易走向无序，走向泛滥。

但是，计划也是有度的，如果“对一个无法达到的整体进行全盘计划”，则会产生危害，用书中的话来说，这个“无法达到的整体”就是“虚构的空间”，如后文提到的“未来”这个概念，或者是人（从教育的角度来看，也可以特指学生）的生长。事实上，不管是教师还是家长，常常会代替孩子预设未来，再为了这个缥缈的未来，使出浑身解数强迫孩子朝那儿走，至于怎么走已经不重要了，或者是被我们漠视了，我们都被这不切实际的计划紧紧抓住，有时会导致既无法真正抵达未来，又忽略了今日的计划、今日的生活。

就教育而言，您说：“教育计划的范围是很狭窄的，如果超越了这些界限，那接踵而来的或者是训练，或者是杂乱无章的知识堆集，而这些恰好与人受教育的初衷背道而驰。”在阅读的过程中我常常会忍不住惊叹，这些观点到底是先知先觉，还是由来已久？因为，在教学时，为了某个可能会被考到的知识点，我们会要求学生反复操练；为了某个可能会被考到的道理，我们会要求学生找来好多名言警句且全部背诵出来。至于学生到底是否真的透彻理解了、能否灵活运用等，都是次要的。在教育的范畴里，我们计划的是学生大踏步一起朝前走，一起出发，一起到达。如今看来，这种计划真是可怕的存在。

2. 转换的必然性与不可计划性

转换是必然的，每一样事物、每一个生命体都处在转换之中。这种转换有时是自然的，有时也会在我们的理性指引下发生作用，但无论如何，它是不可计划的。

您在书中写道：“在我们境遇中仅仅通过计划来选择自身的道路是行

不通的，单纯的计划已经意味着选择沉沦之途。”意即，当我们把自己（或他人）单纯视为一个计划的时候，我们就忘却了作为人的本源——这是一个复杂的整体，是以自由为终极追求的生命体。每个人都有太多不可计划的东西，而这些不可计划的东西，很大程度上恰恰是促使我们转变的东西。

所以，“只有事先无目的地将人引向他自身的转变，才能使人在心灵上对可能的沉沦有所准备，并使拯救有所结果”。对此我很赞同，很多“不可计划的东西”，却是极其重要的。

四、教育的可能性与必然性

1. 教育

在这里，您把教育放在了历史中来看。历史是悠长的、永恒的，教育同样如此，如果把历史比作一条河流，那么，教育就在这条河的发源处，它会随着河水一起流淌、变化，但源头从来不会更改。这个源头，应该就是教育的本质。

教育的本质是什么？您写道，对终极价值和绝对真理的虔敬是一切教育的本质。很难用具体的语言、具体的事物来解释何为“终极价值”，何为“绝对真理”，它们是从历史中走来并被人类视为优秀的文化、精神，或是真理。教育担当着传承之责——“通过培养不断地将新的一代带入人类优秀文化精神之中，让他们在完整的精神中生活、工作和交往。”由此看来，任何把教育简单视为知识的掌握、技能的习得都是不切其本质的。如果教育不是指向人内在精神的不断完善与丰沛，那么，教育就不是教育，而是培训了。

这使我联想到教育改革。如果将改革与教育的本质联系起来看的话，是否意味着我们的教育在一定程度上偏离了其本质。改革其实就是一种回归，或者寻找，因此，改革不是轰轰烈烈的外在形式，不是热热闹闹的人云亦云，而应是冷静的思考，是一种追根究底的回望，是一种心平气和的坚持。

您还写道，教育正是借助于个人的存在将个体带入全体之中。如果人与一个更明朗、更充实的世界合为一体的话，人就能够真正成为他自己，这就是教育的意义。我想，这个真正的自己已然不是自然体，而是经由教育、融合与生长之后成就的自己，更多的是一个社会的自己，有着勃勃生机的自己，有着优秀精神品格的自己。当每一个人都成了这样的自己，才能继续担当起传承之责，才能让自己所处的社会朝更好的方向发展。

所以，教育的意义是非凡的。

2. **可能性**

人有着无限可能性，那么，面对这些可能性，教育的作用何在呢？在本书中，我大致能读懂两点。

第一点，教育是对可能性的唤醒。没有一个人能认识到自己身上沉睡的可能性，因此需要教育来唤醒。教育对人的唤醒首先是让人相信自己的可能性，然后创设条件发挥其可能性。这样的教育才是真正促进人发展的教育，要实现这样的目标，教育的视角应该是多维的，教育培养学生的领域也应是多维的。

第二点，教育永远需要用第三只眼睛来看学生，来等待学生。只有将更饱满、更丰富的教育给予每一个学生，学生的可能性、教育的可能性才有可能被真正实现。

3. **必然性**

教育的必然性似乎无须多说。大到一个国家的生存与发展，小到每一个具体的人的发展，都离不开教育。一切的民主、自由都依附于教育而存在。缺失教育的人，必定是蒙昧无知的人；缺失教育的国家，必定是文明程度不高的国度。

如何教育，如何更多地教育，如何更好地教育，都有待我们思考与改进。

为了心灵的绽放

“心灵的绽放”一词是我从克里希那穆提的书中读到的，对此极为喜欢。他说：“当理智、情感和身体三者处于完全的和谐时，心灵的绽放就会自然地、不费力地、完美地到来。作为教师，这是我们的工作和责任。”

每每读智者的文字，常常会若有所悟，却又似是而非。我会惊叹于一朵花的华丽绽放，当它舒展花瓣怒放出无拘无束的生命时，无法不令人动容。但我不知道，一个人，或者说一名教师的心灵又该如何绽放？

有时，我感到茫然而混沌——心灵的绽放于我，是一种神秘的存在，但它一直在我的前方。然而，这段时间，当我完全沉浸在一本杂志的文字中，沉潜在文字深处那些深刻的思想、美丽的情怀里时，我便豁然开朗，依稀看到了“心灵绽放”的模样。这本杂志，便是我深爱的《教师月刊》，而这一期刚好是题为“教师专业素养读本”的合刊。

每次翻开《教师月刊》，最先读到的总是主编林茶居老师的卷首语。他目力无限，爱津津乐道于生活中的种种意象，然后，在聊司空见惯、习以为常之事时往往笔锋一转，利落地剥去事件的表象，将其内核与教育要义紧紧联系起来，赤裸裸地摆到读者面前。我在感到汗颜之余，经常不由自主地想象茶居老师在搁笔时的酣畅与快意——他的文字像是指向“月亮”的那根手指，不带个人偏见，客观、冷静、圣洁；他的快意是因为他就像是完成了某种使命，他赋予自己一份教育的责任与担当。就在这一期里，茶居老师又发现媒体的体育报道问题了：“在国内媒体的话语框架里，总是充满斗和狠。”“这种体育报道的战争化隐喻，不仅是修辞的问题，更是思维和文化的问题。”当下，我们首先要做的是“恢复顺应教育本真的思考方式”。他所倡导的“教育所需要恢复的”正是他在实践着的，也是将在这份合刊的一篇篇文章中所要呈现的。虽然，我依然无法描述“心灵绽放”是什么姿态，但我知道“心灵绽放”的教师应该是什么样的，我想，应该就是茶居老师这样的。

首先，他们有着发展的渴求。

这是我在合刊的第一个章节中读懂的。因为热爱教育，所以我们都渴望发展，然而，时至今日，我才明白，如果我们对专业发展的认知仅仅停留在职业需要这一层面上还远远不够，甚至是肤浅的。周国平先生曾说，做人和教人在根本上是一致的。郑杰校长也有类似的表述：无论从事什么工作，工作都不是生活的目的，相反，生活才是工作的目的。可见，专业的发展首先是人的发展，是努力做一个更完整的人。如果强硬地将专业发展与人的发展割裂开来，那么，受限的不光是教师本身，还有学生。如若我们回到现实，这应该是一个不争的事实，我们到底该怎样谋求发展呢？明霞老师认为，我们需要提升的是自身的整体素质。闫学老师说，生命因为阅读的参与而开始变得不确定，那么，这唯一的一次生命，就因为阅读而被我们无限地丰富了，拉长了。杨斌老师深情呼吁：为了克服“精神的僵化”，让我们一起蘸着自己的“血肉”写作。语文的学习包括阅读，还有写作，当然，还有实践、交流，等等，只是，当一切指向于教师这个生命个体的内在的需要时，一切便都不同了。因为，当人的情感、身体和自己的内心达到一致与和谐时，“心灵”就会慢慢“绽放”。

其次，他们有着实践的能力。

需要强调的是，此处所指的能力必须有“专业化”这一前提。你是否也在为那些“教不好”的学生烦恼？你是否也在为“留守儿童”的健康成长担忧？你是否在一个又一个“教学模式”里犹疑？你是否在教与不教间徘徊？你班里的学生带手机怎么办，打架了怎么办？你会合理地安排学生的座位吗？关于理性的师生关系，你又有何思考？教育是一次冒险之旅，我们永远都不知道下一刻会发生什么，在一个又一个不确定的偶然里，如果不具备专业的知识和能力，很容易无所适从，导致焦虑、不安、急躁、失落等负面情绪的产生，这些情绪不断堆积直至膨胀，最终会转化成对学生的伤害，让教育生活变成痛苦的深渊。这样的生活是可怕的，却也是实际存在的。所以，我们必须改变，我们应该记住——“‘慢’是教育的特征之一”“知识不是用来改变命运的”“教学模式要充溢‘道德意义’”“班级管理中出现‘干扰’，恰好是生命系统的典型特征”“爱心也要蕴含真正的教育元素”“个性比秩序更重要”……我坚信，当我们拥有如这份刊物中那些作者们所历数的专业能力时，教育的美好会连同内心的幸福一起走向我们，那一刻，请轻轻望向自己的“心灵”。

《教师月刊》中的所有文章是认真写成的，如果你愿意读的话，就请和我一样，带着学习与内省的态度去读，给它们一点时间，与它们共处，然后深入地探询，深入地比对，深入地内化，最终，使它们成为自己的知识与能力。

关于新课改的思考

“在人类历史上，发现和掌握各门学科的理论知识，不是按照这门学科体系的逻辑性和系统性完成的，而是在实践中积累了丰富的感性认识，形成了各种猜想和假设，然后通过实验进行验证，证明这种猜想和假设符合实际，才成为这门学科理论。当这些理论知识积累多了，人们对这些理论知识进行整理，找出它们之间的关系，才形成这门学科的理论体系，有了逻辑性和系统性……因此，不能简单地将学科体系作为教材体系。编写教材不能以学科体系为中心，而应以学生认知规律为中心，将学生认知规律与学科体系的逻辑性、系统性很好地结合起来。”这是《中国教师报》中一篇题为《一位课改老专家谈新课改》的访谈实录，这位老专家就是游铭钧老师。

反复阅读，我才有所顿悟：任何一个已经足够成熟的理论体系都经过了大量的实践检验，经猜想假设再实践之后才逐渐成为一门学科理论。这种理论来源于实践，来源于人类的创造与证明，所以，当它成为学科体系的时候，通常极具逻辑性和系统性，而这样的逻辑与系统也只适用于学科体系本身。当作为教材试图让学生去领悟和学习时，仅靠一种简单的“自上而下”的方式是不科学的。因为，课程实施的对象具有独立的个性思维，他们有着特有的认知规律，有着不同的生活经验和学习积淀等，因此，教材的编写尤其应强调以学生为本，努力找到能将学生的认知规律和学科体系有效进行融合的途径，让他们彼此接纳、互相促进。

由此提及“话语系统”一说。

我想到一个有趣的例子，有一位博士去某地一所著名的小学讲学，满口的“重建”“共生”……教师们都说听不懂。到了教师提问环节，有一位教师问："在当前轰轰烈烈的素质教育背景下，如何保证教学质量呢?"这下博士不懂了，因为在他的概念里，在他的研究系统里，素质教育一定能起到促进教学质量的作用，怎么会无法保证教学质量呢？可见，博士和这些教师彼此都不懂对方。

这就是"话语差异"，他们并未处于同一个话语系统中。回归到教育教学本身，只有将教师、学生、教材和作者等融通到共同的话语系统中，才能真正走进学生的内心，才能真正走进文字的背后，才能形成生命的共振。

《去打开大自然绿色的课本》是苏教版五年级上册语文教材中的一首清新明快的现代诗，作者以敏锐的目光捕捉到大自然的奇趣妙景，以生动的笔触有序地展示了大自然的绚丽多姿。诗歌语言流畅又饱含情趣，抒发了诗人对大自然的热爱之情，给人留下了想象的空间。从文本内容以及作者的写作意图出发，它所呈现的知识、情感以及价值观等多维目标取向都是有效统整于整个学科体系和学生的认知规律中的，只有这样，它才能称为一篇具有共同话语系统可能性的好文章。那么，教师究竟该以怎样的视角进行解读与实施，便成了打通这个共同话语系统的关键。

周益民老师在教学《去打开大自然绿色的课本》时就为我们做了精彩的演绎。

师：想想看，大自然是什么课本呢?

生：我认为大自然是语文课本，当你看到树木的时候，就会想起"木"字。我们倚靠在大树旁，不就是"休"字吗?

生：我认为大自然是音乐课本，小燕子是音符。《燕子》一文中写道：停着的燕子成了音符，谱成了一支正待演奏的春天的赞歌。

生：我也认为是音乐课本。小河哗啦啦地往前跑，像在唱着一首古老的歌谣。空中，小鸟在赛歌，那是民族唱法，"自在娇莺恰恰啼"嘛；林间，野兽在狂吼，那是摇滚音乐。

生：我认为是美术课本。它色彩鲜明，线条多样，层次丰富。山川田野，鸟兽虫鱼，都是画上的景观。

师：真美呀，我又想起了一句诗：云是天空的画。

生：我认为大自然是一本童话书，一本用绚丽色彩描绘的童话书。一年四季，都在讲述着不同的故事。春天的童话是嫩黄的，夏天的童话是碧绿的，秋天的童话是金色的，冬天的童话是雪白的。

师：好浪漫的想象啊！

师：同学们，大自然真是神奇又美妙，打开它，你就会感受到它的魅力。我相信，只要我们用心体会，它还会是数学课本、体育课本，甚至是舞蹈课本，等等。就像我们心中各有一种大自然的色彩一样，只要我们用心阅读，就会拥有一本属于自己的大自然课本。

周老师的课堂中，充满了辽远的生命气息。有效而独特的引领激活了学生心中对“课本”的诠释，于是，引导学生在丰富的理解中还原了大自然应有的斑斓的色彩。

我因此想到了自己的课堂。

苏教版二年级下册中的“识字 2”用几组词串介绍了桂林的美景及风俗等，为我们展示了一幅优美的画卷。在自以为充分预设课堂的前提下，我开始了课堂教学。

在请学生对照着图片理解词语的时候，一名学生问道：“曹老师，什么是‘秀峰’?”“哦，这个不懂啊？你看，这个‘峰’指的是什么?”“是蜜蜂!”她脱口而出！我一时愣住，但还是耐心地引导：“看看它的偏旁，再看看图……”书中插图上赫然画着的是连绵的山峰。看到在我的引导下，她还是有点茫然，我便进行了这样的解释：“这个‘峰’就是指这些山峰啊，你看它们连绵起伏的，多美啊，所以就叫‘秀峰’。就像你长得这么好看，可以说你长得‘秀丽’一样，懂了吗?”我继续往下讲，一名学生又问：“曹老师，什么是‘鸬鹚’啊?”我指向书中插图：“这就是呀！它是一种专门捕鱼的水鸟!”类似于这样令学生感到不解的词语还有“对歌”“壮乡”“笔架”等。

课后，我不禁反思，到底为什么会出现这种言语沟通不畅的情况呢？是学生的理解力不高吗？是他们不够聪颖吗？当然不是。因为生活经验有限，他们无从知晓“鸬鹚”是什么，而且同音字辨识也有一定的难度，因此，有不解甚至错误也在情理之中。

反观我们的教学，当我们为某个看似精心的教学“点子”沾沾自喜时，当捧着自认为比较满意的教案满怀信心地走进教室时，却常会遭遇意料之外的“冷漠”，学生或无动于衷，或言不由衷。此时此刻，我们有必要问问自己：我们的教学，到底想给学生带去什么？到底能给学生带去什么？到底该如何将这些带去给学生？

书上说，如果外部信息的输入没有学习主体已有的经验做基础，那么这种信息对于学习主体来讲是毫无意义的，所以，新课程理念强调“课程要关注儿童的生活世界”。一旦脱离开来，我们就很难将多方“话语”纳入同一个系统，并实现有效课堂的发展性目标了。

大地总有孩子跑过

林茶居老师的《大地总有孩子跑过》，这是一本多么特别的书。

我第一次见到用极淡的绿色文字印制而成的书，也是第一次见到每一个篇章可以写得这么简短，这么不羁，甚至“一环套一环”的书。书中每个字中裹挟的诗意、情意、深意、哲理都让人深深眷恋。

书的构架很细碎，像是一个人的喃喃自语，让人摸不准它的核心，但可以清晰地感受到作者对教育的忧思与挚爱。你会发现，只要心里始终装着教育，那么生活中的点点滴滴都可以与之联系起来，让你得到某种启示。

读这本书的时候，我的手中总是握着一支笔，做了不少记录，写下了不少随想。这本书有让人不由自主停留、反复翻阅回味的魔力，即便如此，我仍然没办法写出一篇完整的读书笔记，所以，只能写下这样一些零碎的言语。

在本书的第一辑里，茶居老师说到了感恩的话题，乍一读吓我一跳。

让孩子回到家里给妈妈洗脚就是感恩教育吗？那种教导孩子在生日的

时候跟妈妈说“谢谢妈妈生下了我”的做法更是天大的笑话——难道孩子是为了这个被称作“妈妈”的人而生的？很多时候，爱、感恩，是无法言说、难以落到“做”上的。孩子的爱、感恩，实际上都在那一声叫不腻、喊不累的“妈妈”“爸爸”里。

读了之后，我觉得这简直就是在“唱反调”，可是冷静下来之后又想到了我在教学中的相关经历。不管是在课本上还是在测试卷上，经常有要求学生写“妈妈，我爱你”“谢谢你，妈妈”等主题的作文，每每此时，很多孩子都会觉得无话可写。写得最多最集中的内容无非就是生病了妈妈照顾他，下雨了妈妈把伞偏向他。读到这些习作，我们这些成人常会感慨，现在的孩子怎么一点儿都不懂得感恩？现在的教育到底出了什么问题？可是，换个角度回到日常生活中来看，饭后散步时，孩子是否喜欢拉着你的手跟你喋喋不休；遇到委屈时，孩子是否会在你的怀里放声大哭；在接他放学的人群里，孩子是否会因为远远地看见你而跑向你……就像妈妈对孩子的爱是无声的，是春风化雨的一样，孩子对父母的爱与感恩也是如此，它是心里的一种感觉、一份情愫，它会自然地弥散在彼此相处的每个细节里。所以，茶居老师说，“感恩本来就是人的天性”，我终究赞同了。

书中还时不时涉及一些具体的关于教学的话题，如作文。

孩子，你应该这样写作文：没有成语——成语常常对想象形成抑制；没有典故——诸多典故隐含陈旧的价值观；不在乎时间和地点——时间和地点有太多的偶然性，常常使文字简化成某件事；尽量避免“他”——在你和“他”之间，有太多的遮蔽和阴影；少量的“你”——对这个作为第二人称的“你”，诸如爸爸、妈妈、同学、老师，你所知不多，你尚未与之形成足够的对话感；有更多的“我”——“我”才是你最知道的。

这段话不光是对我的教学，就是对我自身的写作也具有很大的指导意义。

书中有太多让人自省然后恍然大悟，或是若有所悟的地方，同时，也有很多我不懂的地方。我允许这些不懂的存在。茶居老师是一个诗人，那些诗的笔调让文字充满了意味，也让很多思考直抵事物的本质。我跟不上这样的节奏，但我知道了有这种文字的存在，也知道了什么叫“远方”。

大地上，孩子在跑，你看到这样的画面了吗？你听到他们咯咯的笑声了吗？孩子们跑起来总是不知疲倦、不厌其烦，一趟又一趟，一圈又一圈。他们跑得山河鲜绿，阳光灿烂。

教室是个怎样的地方

教室是个怎样的地方？我读着佐藤学先生的《静悄悄的革命——创造活动、合作、反思的综合学习新课程》一书，不时在心底叩问自己。

我们来回穿梭其间，拿着一本书进去，捧着一叠本子出来，上课、批改、谈话、活动。我们本能地进出，把那儿当成了生命中最自然的存在。

可是，自然了，是否就会有所漠视呢？

不难计算，在一位教师的职业生涯中，将有多少个小时花在教室里。教室里承载着师生共同的喜怒哀乐、共同的前行梦想，教室，应该成为我们心中不可轻视之重。

佐藤学先生认为，每个教室中都有一道固有的风景，彼此完全相同的教室是不存在的。忽略教室的多样性和发生在其中的事情的固有性，仅议论教学是非常空洞而没有意义的。

显然，在佐藤学先生的观点里我们可以想见，教师是构成教室风景的重要元素。这种重要性并非简单地体现在教学中，更体现在多样化的点滴小事中，如一项活动、一种教育、一次谈话、一个手势等。在各个教师不同理念关照下教室的日常状态成就了不同的气息。

在学校组织的读书会上，各科教师就这个话题展开了自由而热烈的讨论。音乐老师说，那应该是一个飘溢着歌声与琴声的地方；体育老师说，那应该是一个由蓝天、白云、游戏、欢乐组成的宽广的地方；语文老师说，那应该是一个读书学习的地方；数学老师说，那应该是一个唯一可以让他们犯错的地方；班主任老师说，那应该是一个让家长牵肠挂肚的地方；还有老师说，那应该是一个明亮、温暖，让师生共同呼吸的地方。

那么多的“应该”勾勒出教师们心中最理想的教室风景，也描摹了大家最真切的希望。只是，当美好的理念触碰到严肃的现实，我们往往会悄悄退缩。于是，也有教师说，那是一个战场，是一个充斥着分数与竞争的地方。

佐藤学先生看到的教育现实当然与我们不尽相同，然而，他看到的由学校内外的社会和文化剧变引发而形成的激进的、浮躁的教育心态与改革方式则与我们看到的很相似。由此，他语重心长的告诫与充满智慧的引领都对我们的教育改革有所启示，比如，关于教室。

他说：“让教室里的学习成为每个学生都能得到尊重，每个学生都能放心地打开自己的心扉，每个学生的差异都能得到关注的学习。”

他说：“在教室里并不存在‘大家’，存在的只是有自己名字和容貌的一个一个的学生。即使在以教室中的全体学生为对象讲话时，也必须从心底里意识到，存在的是与每个学生个体的关系。”

没有“大家”，只有一个一个的学生，这句话说得多好。撇去“大家”层面的简单而粗暴的学生观，我们的教室也必将随之改变。

心中装着每一个学生，教室就成了学生的教室。

心中装着每一个学生，教室就成了开放的教室。

《一百条裙子》与班里的那个他

《一百条裙子》是美国作家埃斯特斯的作品，该小说获得了纽伯瑞儿童文学奖银奖。

小说的主人公是一个有着很奇怪名字的女孩旺达·佩特罗斯基。她的怪名字和她的那一条常年不换、洗得褪了色、总有些皱巴的旧裙子，以及她的那一双总是沾满了泥巴的脏鞋子使得她成为同学们嘲笑的对象。

一个角落

不知是有意还是无意的，她被安排在了那个“属于学习成绩差，而且举止又粗鲁的男生们的角落里”。“而旺达坐在这里，并不是因为她也粗鲁，爱叫爱闹，恰恰相反，她总是那么安静，几乎不怎么说话，甚至没人听见她放声大笑过。”看到这几句话时，我的心里咯噔一下，好像被什么东西触到了痛处——在我的班里，是否也有这样的角落？是否也有这样的“她”？这样的角落常常是受冷落、受嘲笑的；这样的“她”意味着默默无闻、不为人知，甚至“低人一等”。

我想起了班里的小晨。小晨的名字不奇怪，穿着也很整齐，唯一特殊的可能就是他的家庭，虽然算不上离异，可是爸爸基本不回家，妈妈上班比较忙，照顾他最多的是不识字的爷爷奶奶。他没有被安排在那个角落，相反，为了让他能更好地学习，我把他安排在了第一排。可是，他上课时依然是思绪游离，作业照样拖拉，成绩也就可想而知了。虽经多次教育，反复补习，效果还是不好，于是我开始自然地把他归入心里的那个“角落”。

一百条裙子

“我有一百条裙子”是旺达一时冲动之下说出来的。当时有很多同学聚在一起，在阳光明媚的“金秋十月”里欢快地聊天，就连一旁路过的旺达也受到了感染，她像“一只胆小羞怯的小动物”一样走了过来，“唇边流露出一丝不易被人察觉的微笑”。可以想象，那一刻，就连旺达也是快乐的，她甚至盘算着该说点儿什么而让自己融入这些女孩子中间，于是便有了“一百条裙子”这个从此成为所有同学笑柄的“佳话”。读到这儿，我的内心充满了酸楚，我可以想象到旺达走向那群同学时的犹豫以及勇气，对于她，或者说对于任何一个人来说，能融入群体、被他人接纳恐怕是最基本的需求，但是唯独旺达缺失了——这是个可怜的、受到了不公正待遇的孩子。

我又想起小晨，在班级里他没有同桌，一个人坐。开始时他也有同桌，结果问题层出不穷，一会儿闹矛盾了，一会儿忙于说悄悄话不听课了，演变到最后，就连同桌的家长也开始担心了，无奈之下，我便没有给他安排同桌。现在想来，我其实并没有过多地去关心他是否孤独，我总以为我一直在注意着他，也悄悄地关照一些同学和他多谈心，交朋友，但学生们似乎已经学会了给同学贴上不同的“标签”，谁是“好”的，谁是“差”的，所以，他的朋友还是很少。

可谁能想到，最后旺达转学了，而同时又留给了同学们一百张图画，每一幅图上都是一条她设计的美丽至极的裙子，裙裾飘扬，在大家的心头掀起了阵阵波澜，包括我。梅子涵老师在小说点评中感慨地说：“原来，一个不被人‘看见’的人，竟可能是最优秀的，它的灵感和热情都让人望尘莫及！”

我开始寻找小晨身上的那“一条条裙子”：教室的地面脏了，他总是第一个跑去拿来拖把；中午分饭了，他总是将餐具一一放好；课间休息时，他主动擦黑板；放学回家前，他积极去整理书橱……如此种种，他乐此不疲。这可能也只是我们所能“看见”的他的一部分，那么，还有多少我们没有“看见”的东西呢？

一个梦想

书中这样写道，当旺达在告诉同学她不但有一百条漂亮的裙子，还有六十双鞋子的时候，她的目光是掠过大家，投向远方的——“她好像是在看着很远的地方，就那么一直看着，却又什么都看不到。”那可怜的女孩在看什么呢？此刻，她的心里想的是什么呢？当有一天大家看到那琳琅满目的漂亮裙子的图案的时候，或许就已经明白了，那是旺达的梦想。是的，任何人都可以看着远方追寻梦想！

读完这本书的那个傍晚，我把小晨带到了走廊的那棵香樟树下。阳光透过密密的枝丫跳跃出无数的晶亮，我的心情也格外明亮，因为，我想和那个孩子一起看向美丽的远方……

第三节　我和你

小雨点的自述

小燕子见我笑斜了翅膀啊，
旗子见我笑得哗啦啦地响。
只要旗子笑，
春天的声音就有了，
只要你们笑，
大地的希望就有了！

学生：徐嘉昊

写给你们的信

亲爱的孩子们：

读到这封信时你们一定很惊讶，其实我也有些诧异于自己的行为。

今天是星期六，我一个人坐在书房里，原本想要写《石梅苑》卷首语的，思考了好久，不太确定要写什么。其实，还有个原因是我有点心烦意乱，最近几天一直都是如此（原因你们大概知道的吧，呵呵）。

所以我随手翻开了一本书——《教学勇气——漫步教师心灵》。你们当然不知道这本书，虽然它很有名。这是一本写给老师的书。之所以被它吸引，是因为它所写的简直就是我正经历的。它告诉我，如果我与学科分离，与学生分离，与自己的内心分离，那么将会多么痛苦、多么沮丧。

有些孩子大概能懂得这句话的意思。我必须如实告诉你们：这几天，我的内心的确充满了种种复杂的情绪，有生气，有不满，有挫败感，也有无所谓，甚至想“随他去吧”。可是我很确定，这并不是我想要的教学生活，我不喜欢这样的感觉。我觉得有必要做些什么，至少让你们稍稍了解一下我的想法。仔细想来，一周六七节的语文课，我们要学习课文，要做各种练习，要讲评，我们留给彼此相互交流沟通、相互了解的时间真是太少太少了。关于这点，真是很抱歉！

该从何说起呢？两年前接手我们这个班的时候，我就下定决心，要想方设法通过我的努力将你们相对薄弱的语文能力尽可能地提升起来，注意：我更强调的是能力而不仅仅是成绩哦！所以，我花很多的时间带着你们阅读与学习，因为明白提高自学能力将会让你们终身受益。于是，我开始设置一张张预学单，希望能通过自主预习的方式让你们学会自学，也希望有了充分预习之后我们可以更快更好地完成对课文的学习，然后有更多的时间进行课外阅读。

大量阅读与经常性写作是我极为强调的。大家可能还记得，我们组织过阅读排行榜的活动，每周推荐一本书，谁先读完谁就先把名字写到黑板上，然后我们一起大声读出这些同学的名字。我们进行过阅读分享，把一些短短的感悟写在小纸条上，然后贴到讲台旁边的墙面上。我们也进行过每周或是每月的“阅读小能手”的评比，那些奖状你们是否还保存着？我们还经常写各种作文、各种片段，然后尽可能找时间与大家分享。我们也约定了坚持每天一起写读写记录，比比谁坚持得更好。其实，这样的活动会用掉大家不少的时间，所以有不少同学会抱怨甚至觉得讨厌。我也知道，有的同学实在是不喜欢但迫于无奈只好敷衍了事，应付一下。但是，亲爱的孩子们，我真心希望你们能体会到，只有阅读才能让我们变得善良美好，变得丰富渊博，变得在人群中熠熠生辉。而写作是一种更高级的思维活动，它让我们知道自己在想什么，让我们能与自己的内心对话，让我们不断更加完善。更何况，记忆有时是不可靠的，很多记忆都会在时间的长河中消逝，而一旦写下来，便可以成为一份永远的纪念。想象一下，如果多年以后再翻开这段时间写下的作文、写给同学的赠语、写下的日记，和同学一起相处的这些时光是否又会鲜活起来？于我而言，阅读与写作具有同样的意义。比如，今天我读了这本书，开始明白我自己内心的纠结，决定写下这封信的时候，我的内心已经开始变得平和。再换个现实点的角度来说，很多同学不也是因为不断地读写而让自己的作文水平有了很大的提高吗？只是你们并没有意识到而已。

昨天，一个以前的学生在微信上写了一段话，回忆起我这个小学班主任（当时我是语文老师兼班主任）："我想起我的小学班主任，她教我们的时候刚刚工作没几年，个子不高，性格很温柔，说话又软又暖。我们会捣蛋，会欺负她，可我们心中是有她的。她一板脸，我们就会过意不去。她从不罚我们，不管我们的作文写得怎样，她都觉得很好，上课时她会倾听我们的想法，没有那些所谓的正确答案。以前我觉得她不够严格，后来的后来，哪怕我不记得她说过的话，哪怕我依然讨厌学习，却仍然觉得幸福，好像一转身她还在。"

有的同学看到了可能又要笑了：哪有这么好啊?!可是我看得都要哭了。我真的很感动，但我也很清楚，记忆是有过滤功能的，它总是会选择性地保留。所以我给这位同学回复道：其实老师有很多欠缺，是你们给了我太多包容，是你们给了我太多赞誉，所以我要做得更好才行！这是我的真实想法。之所以这么说也是因为想到了你们。我想，在你们的印象里我可能没有这么好，不是因为你们没有发觉，是我没有对你们表现出来而已！

我经常是想得多做得少。比如，上周我就想找个时间和你们聊聊关于“尊重”的话题，想要告诉你们西方教育是多么注重对学生“尊重”意识的培养。我想要告诉你们“尊重”是多么重要的品质，想要告诉你们“尊重”就是人与人的相处之道，想要告诉你们，我是多么期待临近毕业时的你们不光是收获了六年的知识，更是带着许多良好的行为习惯离开我，离开母校。健全的人格与良好的习惯才是可以让我们真正受益一生的东西。可我一想到和你们交流时有的孩子根本就无心倾听，也就没了兴致。这也是我的一个不足之处：有时我会不自觉地陷入自己的情绪之中，忘记了我是一名老师，而你们还都是孩子。

我真是有好多不足，还笨手笨脚的。不过当我把这些都如实写下来以后，我竟然挺高兴的。我觉得，我终于有勇气送你们毕业，然后愉快地和你们道“再见”了。

加油，亲爱的同学们。不管是迎接即将到来的毕业考试，还是迎接马上要到来的更富挑战性的中学生活，你们都要用更积极的心态、更积极的行动去面对。假如偶尔也有烦躁的时候，那就停下来读读书，写写自己心里想说的话，你就会觉得好很多。

向陈薇借的书里作者文子这样写道：边教学，边被教育。我也是。

谢谢你们！祝福你们！

曹丽秋

2015 年 6 月 6 日

选　择

今天我们继续学习《金子》一课的第二课时。

首先出示课文中的关键词语，并朗读复习，然后，请孩子们看着这些词语，试着回顾并复述故事的内容。孩子们踊跃地举手。因为有了铺垫，大家都不觉得难。于是，我有意把机会给了婕——一个不太爱说话却愿意尝试去做的孩子。果真，从站起来那一刻开始，婕的语气中便充斥着紧张与不安：说话断断续续，声音细若游丝，表情也很木然。我提醒其他同学把目光转向她，提醒他们认真倾听，耐心倾听。始终微笑着的我时不时地提醒着旁边逐渐失去耐心不断抢话的孩子们，终于一起等她把最后一个字说完。她怯生生地望着我，担心自己并不精彩的表现会得到不好的评价，也或许黯然于自己的讲述耽误了课堂进度，总之，那眼神楚楚可怜。

我并没有马上评价，而是带头鼓掌，教室里顿时掌声四起。

此时婕的脸上微微泛红，我问婕："终于坚持着讲完了，能告诉大家此时你的心情吗？"她腼腆地回答："很高兴！"

此刻教室里的气氛也格外温暖。我面向大家，真诚地说："孩子们，今天你们的表现令老师感动！你看，婕或许自己也知道不能复述得很流利，但她选择了勇敢，愿意争取这个交流的机会。在描述的过程中，她也碰到了不少困难，但她选择了坚持，直到最后。而其他的孩子呢，或许有人早已熟悉故事的内容，或许有人能说得比她更好，可是你们选择了等待，用信任的目光给予她力量。今天，每个同学都做出了一个动人的选择！"话题一转，我继续说，"其实，《金子》的主人公彼得也进行了一次又一次的选择。读别人的故事，是否也会传递给我们某些启示呢？我们开始今天的教学吧！"接下来，孩子们愉快地开始了学习。

我这几天一直在读帕尔默的《教学勇气——漫步教师心灵》。书中的道理需要用心咀嚼。

他说："好的老师具有联合能力。他们能够将自己、所教学科和他们的学生编织成复杂的联系网，以便学生能够学会去编织一个他们自己的世界。好老师形成的联合不在于他们的方法，而在于他们的心灵——这里的心灵是取它古代的意义，是人类自身中整合智能、情感、精神和意志的所在。""当优秀教师把他们和学生与学科结合在一起编织生活时，那么他们的心灵就是织布机，针线在这里牵引，力在这里紧绷，线梭子在这里转动，从而生活的方方面面被精密地编织伸展。"

引用的句子有些多，但我没有办法用更合适的语言进行诠释。

师生间和课堂上的融通从来不是技巧和方法就可以生硬勾连的。一旦技巧唯上，眼中便没有学生了，那时，这种被称之为教育的交流便只剩传递与接受了，教师就变得像旁人一样，冷眼看着世界、周遭，与心灵隔绝。

所以，在课堂上我总会表达自己对善良的追求、对坚强的膜拜、对正直的欣赏……每到动容处，孩子们也会忽闪着晶亮的眼睛望着我，懵懵懂懂，纯真极了。

“真正好的教学来自于教师的自身认同与自身完整。”对这句话，我片面地理解为，在孩子们面前，我就是我，真实的我，真诚的我，真心的我，可以吗？这，就是好的教学吗？也许没这么简单吧？

学习当如织网

今天的课从交流“选择”开始。

我问：“《最后的姿势》是谭千秋老师面对地震发生时做出的抉择。他选择了忘却自己，守护学生。其实，生活中的选择无处不在。关于这个话题，你想说些什么？”

很快有学生举手。

“在今天要学的《船长》一课中，船长面对灾难，选择的是救出其他人，然后自己和船一起沉入大海。”

“《船长》将自己的生命置之度外，他选择的是作为船长要救助所有船上人员这个责任。”

孩子们能自然而然地将话题联系到即将学习的课文上，既可以看出他们预习得很充分，也可以看到他们逐渐拥有了前后联系、迁移学习的能力。

我在及时肯定之余提示他们：“刚才你们想到的都是《船长》一课，如果拓展开去，在自己的生活中是否也会有一些事情需要去选择呢？”

“嗯，是的，是的。”很多学生在小声嘀咕。

周易说：“昨天放学有三项家庭作业，我当时有点犹豫，不知道该先做哪一样，后来决定先做数学，然后是语文，最后做英语。”

这种贴近生活实际的事例大家都很爱听，一个个都乐呵呵的。

“我也有，我也有！”关桐忍不住插话，“我考试考得不好的时候，就很难做出选择，到底是把成绩直接告诉爸爸妈妈，还是偷偷地不让他们知道。”

“是的，早上起来穿什么衣服是选择，先做哪一样作业是选择，去哪里游玩是选择，长大了学什么专业、从事什么工作是选择，看到地上的纸屑是捡起来还是视而不见也是选择。生活本身就是选择。你的选择反映的是你的喜好，你的思考，甚至是你的价值观。今天，让我们走进《船长》，去看看哈尔威船长做出的生死抉择！”

学习是什么，我经常会想。如果学习仅仅局限于学完一篇篇课文，那么，它的意义就被极大地削弱了。这样的学习留给学生的永远只是知识的堆积和知识的碎片。因为没能让人发生思维的联结、心灵的感应，因此它是外在于学生的存在的。

学习当如织网。只有用思维的网串联起生活、经验、文本、实践时，学习才能实质性地发生，而这种学习又必须指向人的内心——因为顿悟而产生愉悦，因为联结而愈加丰富，因为润泽而看见光明。

大概只有这样，我们才能实践教育的本质，正如雅斯贝尔斯所说的，“通过培养，不断地将新的一代带入人类优秀文化精神之中，让他们在完整的精神中生活、工作和交往”。

教育是世间最难的事

夜晚，当所有工作上的那些事、那些情绪被搁置下来，在轻轻流淌出来的音乐里，无边无际的想象成了一种享受。

春意渐浓，孩子们中间病毒感染的状况也越加严重。早上我跑去教室一看，居然有16个座位空着。那些熟悉又可爱的孩子倏地没见着的这个早上，我有点不习惯。

最终，由于生病人数过多，需要整班休息了，看着孩子们三五成群地离去，我心中五味杂陈，在感慨气候、病菌、体弱等因素的同时，总会有一个念头悄悄冒出来：在日积月累积攒起的所谓“体弱”中，是否也有我的原因？真不知道。如果说第一次放假时还有些许轻松的感觉，第二次、第三次时我心头还是越发沉重了起来。学生应该在该学习的日子里学习，在不该放假的日子里坚持，在明媚的童年里活泼地生长。

上周五，第一次读书会在桂花亭组织。整个过程中，孩子们都在欢喜地布置，这一盆绿萝放哪儿，那一扇屏风放哪儿，红木桌子摆成什么形状……当一切摆放停当，再回头看看，一种真切的喜悦油然而生。

有时，完全不必苛责于形式，只要我们是用心在学习、用心在收获，不就很好吗？

那天读的书叫作《在与众不同的教室里——8位美国当代名师的精神档案》，印象最深的是书的前言：“教育与其说是神圣的，不如说是极端困难的。”“地球上的每间教室都是英雄的诞生之地，因为，正如哲人康德所说，教育是世间最难的事。”

说真的，对于“教育是神圣的”一说真是听得很多了，从来也不曾否认过，然而，那一句“不如说是极端困难的”却不知怎的让我心生感触，我似乎能看到一条悠长的路，一些沉重的脚步。这条路上，我在走，你在走，我们都在走，都在行走着的我们，不正经历着困难吗？只是，当我们坦然面对它时，是否也意味着我们早已有所收获，哪怕每次只是一点点？

教室里能诞生英雄，这个英雄不是学生，而是老师，一个能在教室里做成“教育”这件世间最难的事的老师。对此，我们又有何感想？是啊，教师之所以能成为英雄不是因为教育是神圣的，不是因为自己的身份是教师，而是因为，我们选择了那条“极端困难”的路，并满腔热情地走着，我们感受到一种召唤，我们觉得自己一直都在走向最需要的地方。

生命的“内不化”

我读过这样一句话：山坡上开满了鲜花，但在牛羊的眼中，那只是饲料。对于生活中的美好，缺少的从来都是发现的眼睛和享受的心灵。

那天的沙龙，同事讲起的一件辛酸事也触痛了我的心：又一次考试结束了，拿着手里那张仅有1分的考卷，作为老师，心里有种难受的感受。无奈之下，和家长、学校沟通：是否需要做一下IQ测试？家长同意了，却又在测试的前一刻犹豫了。那是怎样的犹豫和怎样的心痛啊！想着自己的孩子有可能从此被贴上“另类”的标签，想着自己的孩子有可能从此承受异样的目光，想着必须要承认自己的孩子“与众不同”，家长怎么能不犹豫、不心痛？做老师的又何尝不是如此？再想想那个孩子！那个孩子将要接受的是什么呢？本应该自在的童年时光，本应该快乐的学习生活，还会在吗？

陶校长曾为我们讲过一个类似的故事，这个故事来自于一篇名为《我所依赖的公立教育》的文章。文章的作者也是位母亲，她有一位极其出色的丈夫，在美国深造学成后她的丈夫受到了国内中科院回国工作的邀请，但这位母亲权衡再三，还是放弃了国内提供的优厚条件。原因是，他们有一个智力发展迟缓的女儿，而这个孩子在美国学习得非常快乐。这种快乐除了来自于父母的关爱，更来自于社会和学校给予的呵护与肯定。这位母亲感慨着，每次去学校，老师总是对她说，你的孩子很好，能成才的，令这位母亲十分感动。每天，她的孩子都是那么快乐，相信并憧憬着自己的未来。

而我们的孩子每天又带着怎样的心情在学习呢？

在一年级办公室里，老师们拿着刚刚结束的期中测试卷在感慨，“秋天的稻穗（　　）”，要求孩子们填上的词语是“金黄金黄”这样的叠词。词语很美，意境很美，但唯独没有关注的是，孩子们对于“秋天的稻穗”的理解。可怜的孩子眼巴巴地问监考老师，什么是稻穗，而老师又不能违背考试制度告诉他们。就这样，秋天的稻穗有的成了“雪白雪白”的，有的成了“火红火红”的！这一点儿也不好笑。一年级的孩子刚进校不久便学习单韵母、复韵母；二年级的孩子苦苦地分析着短文，做着阅读理解；三年级的孩子洋洋洒洒地写着长篇大作……我却无法为这些孩子的能力和学识欢欣喝彩！因为，在我心中，他们每天只是在咀嚼着“饲料”！

很长时间以来，很多人都如我这般有着很多的无奈甚至埋怨，然后，只是矛盾着、痛苦着继续前行，我们总以为自己的很多做法的出发点是好的，最终的结果也是好的，事实真的如此吗？

孩子们成长的每一天从来都不是孤立的，都将是他完整生命中的一部分；而每一天的成长方式，也必将关乎他一生的生活方式。只有每天都快乐，才能塑造一生的幸福；只有每天都自由，才能成就一生的美满；只有每天都拥有鲜花，才能培植馨香四溢的心灵花园。

不能想象，那群在低分面前苦苦挣扎的孩子会有多少关于学习的快乐记忆；不能想象，那群在奥数、作文、书法、钢琴等各类补习班间奔波的孩子会有多少关于学习的幸福记忆；不能想象，被迫着接受各类“饲料”的孩子会有多少关于鲜花的美丽记忆！

不能，我们真的不能让孩子留有痛苦的学习记忆，哪怕打着“为他们好”的幌子！

不能，我们真的不能让孩子产生消极看待生活的眼光，哪怕心头隐隐作痛！

生命，该有自己的“内不化”！生命，该有自己的坚持！教师更要有自己的原则！

认为不该做的，就坚持着不做，哪怕这有可能会影响到某些功利目标。

认为该做的，就大胆地去做，哪怕在短时间内看不到效果。

因为：

我们的生命坚持，是关乎着孩子生命发展的。

我们的生命坚持，是烛照着孩子美好明天的。

我们的坚持，能让孩子们的眼里、心里鲜花烂漫！

我冒险，我要找回童年

《静悄悄的革命——创造活动、合作、反思的综合性学习新课程》一书中有这样一个故事：一个名叫彻也的孩子被母亲带到学校，哭闹着不肯进教室。小林老师过去询问缘由，那孩子哭着说："老师和妈妈都骗人，说学校里很快乐，都是撒谎!"一时无言以对的小林老师在没有办法的情况下只好对彻也说："学校也许不是一个快乐的地方，但是很多同学不都一直坚持着吗?"这时，在旁边听到这句话的孩子们纷纷附和："是呀，我们也不觉得快乐呀!"孩子们的异口同声深深震撼了小林老师，也震撼了我。

那天，在读书会上，我忍不住问老师们："你们有没有谁做过这样的调查，去问问孩子，他们快乐吗?"一时间，大家都有些沉默，只有小丁老师一人举起了手。她说，那天和一个孩子去爬山，她鼓起勇气问他："在学校里，你快乐吗?"那小男孩摇摇头，很率真地回答："不快乐!"小丁老师蓦地停住了口，而这个回答让读书会上的所有老师安静了很久。或许，很多老师的内心如我一样在疼痛——我们既不敢过问孩子的快乐，也不敢过问孩子的忧伤。我们不敢，是因为我们知道答案!

我们知道，孩子们并不快乐。

在一堆一堆的作业本里，他们埋头苦读，早已失去了天真、烂漫；在一次一次的考试里，他们奋力拼搏，忘记了什么叫作梦想；在一节一节的辅导课里，他们在辛劳奔波，忘记了什么叫作自由……在没有了烂漫、梦想、自由、天真的日子里，童年也渐渐丢失了。

我想起了顾城的那首小诗。

天是灰色的，路是灰色的，楼是灰色的，雨是灰色的。

在一片死灰之中，走过两个孩子，

一个鲜红，一个淡绿。

那该是多么鲜活的色彩，多么明亮的童年！

钱理群教授说，童年生活应该是快乐的，这是他们最基本的生存权利。“基本”“权利”，读来真是震撼。在这样一个将漠视童年权利视为平常的时代，实在是一种警醒！

我开始战战兢兢地去找一条通向童年的秘密通道。

那天上《桂花雨》一课，我们将课堂移到了学校的桂花亭。正值秋日午后，阳光斑驳地落在庭院里芬芳的桂花树上。孩子们在台阶上坐下，开始上课。

师：阅读课文第一段，看看作家琦君最喜欢桂花的什么？

生：朴实、香味……

师：书上所写的“笨笨拙拙”到底是什么样子呢？来，让我们一起好好看看院子里的这几棵桂花树吧！

孩子们“呼啦”一下子簇拥到了树下，煞有介事地看着、指着、说着、笑着。当文字与生活融合，一切便充满了趣味与生机。

师：再读读，看看她开花时是什么样子的。

生：开的花大都细小，藏于绿叶间。

师：哦？那么我们学校的桂花在开放时也是这么羞涩吗？

经我这么一提醒，孩子们惊喜地发现，庭院里的桂花开得分明那么张扬！虽然也很小，但一簇一簇地从叶丛间冒出来，只随意望去，满目皆是。最后，我微笑着告诉他们："作家琦君念念不忘旧宅院子里的那株桂花树，而我们，也拥有只属于我们石梅孩子的独一无二的桂花树，这是多么幸福的事!"孩子们全都笑了。

著名教育学者肖川教授从反面为我们界定了真正的教育，他说："如果一个人从来没有感受过人性光辉的沐浴，从来没有走进过一个丰富而美好的精神世界；如果从来没有读到过一本令他（她）激动不已、百读不厌的读物，从来没有苦苦地思索过某一个问题；如果从来没有一个令他（她）乐此不疲、废寝忘食的活动领域，从来没有过一次刻骨铭心的经历和体验；如果从来没有对自然界的多样与和谐产生过深深的敬畏，从来没有对人类创造的灿烂文化发出过由衷的赞叹……那么，他（她）就没有受过真正的、良好的教育。"肖教授的描述少了一些惯见的严谨、慎微，却在诗意流淌的语言里，依稀透露一些教育的场景：孩子们或是捧着书本尽情地阅读，或是忙碌地进行着各种实践活动，或是在与自然界里的一朵花、一只虫对话，或是徜徉于人类悠久的历史长河中生发无限豪情与憧憬。教育在这些画面里呈现着它的光明、慈祥、辽阔与和谐，它是一种润泽，也是一种点化。

记得那天一早走进教室，我发现孩子们都在安静地看书。思琦很兴奋，她告诉我，她已经看完那本《夏洛的网》了。我很是惊讶，因为这本书是前天才向他们推荐的。

这学期我们继续开展读书活动。因为学生在校内的时间有限，怎么才能保证活动的顺利进行呢？我想到了赛读。即每周由我或学生推荐一本书，将书名写在"读书角"，简单导读之后，就让孩子们在课余时间自行阅读，谁先读完，谁就先把自己的名字写在"读书角"里。同时，为了保证阅读的深入与到位，每周组织一次交流，每月评出"阅读之星"，"阅读之星"会获得书籍作为奖励。

在接下来的日子里，我看到的了许多动人的画面：晨间，孩子们三三两两来到教室，便从书包里取出一本心爱的书籍，开始投入地阅读。洁净的窗外是静默的大树，抬头便可见明丽的蓝天。我也捧一本书，和他们一起读，看到有趣的地方，总是忍不住笑出声来，再和孩子们分享一番，于是，笑意便浓浓地在教室里荡漾开去。课间，照旧有不少埋头阅读的身影，也有三五成群聚在一起急着发表自己的阅读高见的。当“读书角”里写满孩子们的名字时，我们便举行了一项简单而隆重的仪式——依次读出这些孩子的名字。当自己的名字被读到时，那些孩子脸上都流露出掩饰不住的激动与骄傲！

阅读是一种浸润，会让童年变幻成一个彩色的泡泡，在风里，也在云里飘扬。会阅读是一种素养，是对孩子一生有梦有爱的成全。在和孩子们共同阅读的生活里，我也和童年在一起！

我永远无法确切地描述教育该有的模样、童年该有的模样，我更愿意做一些基于现实的、并不遥远的、细小琐碎的教育展望，确切地说，是教育改变。因为回到现实，我才能实实在在地找到一些问题的根源，再试着去解决；因为并不遥远，我便能拥有足够的勇气与毅力，不断地去靠近它；因为细小琐碎，我便能从点滴入手，抓住改变的可能。

为了爱与梦想，为了生机勃勃的相遇，为了找回丢失的童年，我愿意像一个傻瓜一样去冒险！

幸福碎碎念

幸福是什么，我说不出它的定义，我只知道它的样子。

1. 你微笑，所以你幸福

王开岭在《精神明亮的人：王开岭散文随笔自选集》一书中写过，福楼拜给最亲爱的女友写信：“我拼命工作，天天洗澡，不接待来访，不看报纸，按时看日出（像现在这样）。我工作到深夜，窗户敞开，不穿外衣，在寂静的书房里……”

我几乎可以想象一个疯狂地闭门写作的大文豪形象：衣衫不整，胡子拉碴，目光深邃，伏案沉思。破旧的桌子上，是随意摆放的杯子，涂写过的揉皱了的纸张，几片干得掉渣的面包，凌乱的厚薄不一的书。深夜，那些远处的风，鸣叫的虫，黑夜的寂静，都是他喜欢的，那里藏着他的灵感。当伸个懒腰结束一天的写作，或是不小心睡着的时候，他的心里一定很满足。清晨的霞光里，他照例看日出，他会是沉迷的，会是舒展的，会像孩童般对着太阳露出微笑。

是的，他笑了，他很幸福。——“幸福就是那些快乐的时刻，一颗宁静的心对着什么人或什么东西发出的微笑。”

孩童对着一堆玩具乐得欢蹦乱跳时，他很幸福；一个男孩蹲在草地上出神地观察一只蜗牛时，他很幸福；一家三口坐在一起吃着晚餐聊着开心的事情时，他们很幸福。工匠会对着一堵自己铸就的坚实的墙壁微笑，园丁会为一朵花的突然绽放感到欣喜，医生满足于自己又救助了一个患者，教师因看到学生的茁壮成长而欣慰……

因为健康，我们每天都能看到阳光；因为工作，我们的价值得以实现；因为追求，我们的潜能不断迸发；因为有梦，我们的生活充满诗意。忙碌时，我们享受思维高速转动的快感；闲暇时，我们与每一片叶子对话。那些晴与阴，那些快与慢，那些急与缓，那些张与弛，都是我们的生活。我们的生活因为有了这些变幻着的节奏与韵律而变得美丽，变得多姿，变得令人神往。

其实，每一天，每一刻，我们都可以很幸福。

幸福很朴素，它一点儿都不高深。

2. 幸福是因为你们长得很好

今年教师节，子烨照例打来电话，他问我：“曹老师，今天的视频里我傻不傻啊”？（为了庆祝节日，学校联系了几个已经毕业的孩子，让他们录制视频，回忆自己的小学生活，对教过自己的老师说说心里话，子烨就是其中一个）我笑着告诉他：“当然不傻啊，说得很好！”忘了告诉他的是，我心里很感动。

晚上我打开 QQ，一连串的“头像”在闪动，大都是我的学生，都是前几届的。有一个孩子说：“老师，我今天回来找你，可是没找到，我还带了花呢。”

我也收到了不少祝福短信，有学生的——远在他乡参加军训的，刚上初中正在埋头苦学的，也有来自朋友和家长的。

幸福真的有很多。幸福是期末时毕业的孩子跑来问我有什么需要帮忙做的，是放假时接到他们的电话说一起聚聚，是高考后和他们一起分享喜悦或失落，是因为师生一场，我们从此永远挂念。

后来我发现，幸福远非这样的温暖回馈，当知道那些孩子一个个都很好，一个个都很善良、正直，一个个都很用心、懂得进取的时候，幸福便更存在于由此而来的欣慰与满足里。所以，当我偶然得知班上那个曾经最令人头疼与担忧的孩子爱上了音乐，弹起了钢琴时，我的激动无法言语。我恨不得将这个消息告诉所有认识他的老师和同学——嘿，你知道吗，那个孩子现在也很棒！那一天，他来学校看我了，他长成了一个高高瘦瘦的小伙子，有了点艺术气质。他弹钢琴给我听，他帮我干活，他说他很想继续读书，他说他以后就叫我“秋姐”了。

那孩子居然叫我“秋姐”，这不也算是幸福吗？

我们的阅读生活

忘记在哪里读到的：“当你的灵魂被唤醒时，你的阅读才真正开始。”我深以为是，而“唤醒灵魂”的方式，依然是阅读。

新学期开始，我和孩子们每人准备了一本漂亮的笔记本。我们约好，要坚持每天阅读与写作，每周进行分享与评比。

一段时间过去，我们真的有了一些变化。

有孩子会用五颜六色的笔记录自己喜欢的内容，黑色是摘抄，红色是感受，绿色是题目，斑斓的文字里折射出的是他雀跃的心情。也会有孩子跑过来问：“老师，昨天你看了什么？我看的是《安妮日记》。”眉宇间小小的骄傲让我也下定决心不能落后。会有孩子诉苦，不知该如何将阅读的感受表达出来，我会对他们说，慢慢来，总会有不觉得难的时候。

下雨的早晨，我们看一会儿，写一会儿。教室内很安静，笔下竟开出一朵朵花，比雨点还清亮。

午间，我们互相说说自己读的书和自己写的小文章。老彭感慨道，《西游记》原著真好看；亦弛推荐汪国真诗歌，还很神气地告诉我，他也写了几首诗；雯娟是个极安静的女孩儿，文笔极好，每次读她的文字都会被吸引，她会写她和同学找书的经历，会将她的感受悄悄与我分享；薇是冰雪聪明的，最喜欢林徽因，摘录下大段大段的文字、好多好多的诗，而且能背下来。有些原本不太爱读书的孩子，慢慢也受到了感染，也会摘录些句子，并试着写几句。

有一段时间我看《我是歌手》这个节目，被音乐人李健的创作才华所震撼。其实，歌词创作不就是最好的写作吗？这个建议一提出来，孩子们马上就一呼百应。我们说好可以自己创作一首歌或改编一首歌，也可以为自己的歌词谱好曲子然后唱出来，这对于十三四岁的少男少女们来说无疑是极具诱惑力的。于是，那个午间就成了我们班的“我是歌手”演唱会。

璐嘉为大家共同度过的六年生活写歌：

还记得曾经幼稚的我们，还记得那个枫叶红透的季节，还记得那间小小的教室，我们相遇的时间刚刚好。

一次羞涩的自我介绍，一个温暖的笑容绽放，一双肉肉的小手紧握，在彼此心里刻下名字。一次比赛里我们情不自禁地团结，一次冲突中互相委屈地道歉，一个微笑，一滴眼泪，都收进了六年的时光中。时间带走了曾经的我们，却带不走我们的感情。

枫叶又红了，我们也散了。

圣熠为自己喜爱的歌手写歌：

彩色灯闪烁转动，你真诚地鞠躬，修长的手中，握着麦克风。

想象中后来相同，那天微笑的面容，江南烟雨中，心随你声动。

让我笑弯了腰的是小沈，他用《哆啦A梦》的曲调配上了描写我的歌词：“石梅小学六（6）班，有一位曹老师，她是全校最最聪明的老师。翻开她的日记本，里面写得满满的，还有不少好句好段和她的评语……”他刚一开口，我们全都笑开了花。

有太多这样的美好瞬间，我无法一一描述。

有时我会想，为什么执意要做这些事，包括在每课设置的预学单上向学生推荐经典的文章，包括经常性地观察与练笔，包括抽出不少时间来分享与欣赏？而这些事都是“百日功”，无法在短时间内看到效果。答案很简单，因为我是一名语文老师，引领孩子们感受语言文字的魅力，爱上阅读就是我的责任。而在这个过程中，但凡孩子们表现出一点点进步，一点点兴趣，或给我一点点惊喜，都是对我最好的回报，也是这么做的最大价值。

在某个刊物上我读到这样一个故事：有一位老师也常鼓励学生阅读，可是有的家长疑惑了：为什么孩子读了不少书，却没看出来成绩有多少进步？他思忖片刻，告诉家长：阅读就像跑步，你坚持跑步一两天、一两个月，身体也许看不出什么变化，跑了一两年，效果也未必明显，但是如果能坚持跑步五年或十年，身体是不是就会更加健壮？

读完这个故事，我恍然大悟：如果说坚持跑步能让身体变得健壮的话，那么，坚持阅读，是否就能让灵魂强壮起来？

看来，我也要更加努力才好。

小　哲

教过很多孩子，总是有一些孩子会让我特别想念，比如小哲。

也不是特别偏爱他，但他让你经常想起：他现在过得怎么样？学习还顺利吗？和新老师、新同学相处得如何？不知为何，我很想了解他的近况，以确认他成长得很好。

其实我只教了他一年，六年级时接的班。刚接手时，就有老师跟我说，小哲的父母离异了，他经常住在阿姨家里，成绩不理想，脾气也很犟……

我见到的是一个皮肤白皙的，爱甩脑门前的一撮头发，爱穿酷酷衣服的小哲。他在第一次分饭时就让我见识了他的倔强，当其他孩子都乖乖地埋头吃饭时，他把饭盒打开，基本没吃，就坐在那儿不动了。我走过去，让他赶紧吃饭，他嘟着嘴巴，吐出几个字："我不要吃。"旁边的同学马上告诉我："老师，小哲经常不吃饭的。"言外之意，让我别管了。这怎么行？我低声问他为什么不想吃，他回答："就是不想吃。"我继续坚持："这可不行，你看，六年级是长身体的时候，只有多吃饭才能长得高，长得帅。"他却不回应。"这样吧，你就少吃一点儿，好不好？"他一定是读懂了我的关心，所以勉强吃了起来，我赶紧表扬他。

他学习起来的确有些困难，就拿背课文来说，他总是很难按时完成。我不批评他，似乎对他总是特别包容。有时我会想想自己的孩子，如果背课文时没有我在旁边督促，大概也很难自觉完成。每个孩子不都差不多吗？我给他留下更多的时间来背诵，有时也请他来我办公室背。我会跟他随意聊聊天，问问他在家里的情况，希望他按时休息，好好吃早饭。

当然他也会经常犯倔，有时我让他赶紧补作业，他也会不高兴。不过，他会在之后做完作业并主动来找我，或许他的心里是有些愧疚的。

他就像个小孩一样，有时要哄着，还要叮嘱他争取全部做好，特别是作文要多写一点儿。我一直记着那次语文考试的事。那一次写作文时，他就是愣在那儿不动笔。我有点生气了，问他："到底怎么回事？"他说："我不会写，我没有得到过掌声。"我一看题目，是让孩子们回忆曾经让自己得到掌声的一件事，现在这个孩子却用无辜的眼神告诉我，他从来没有得到过掌声。那一刻，我真的无法描绘内心的感受，更多的是心疼：他长这么大，竟然没有人为他鼓过掌？而我教了他这么长时间，不也同样没有创造过这样的机会吗？后来他写了些什么我已经不太记得了，但是这一幕一直留在我心底。它时常会敲击我，让我痛切地看到，不是每一个孩子都有那么纯粹、快乐、幸福的童年。对那些有所缺失的孩子，我们除了更多地爱护他，还是爱护他。

临近毕业，语文书上最后一个单元的习作是"写信"。在我的鼓励下，不少孩子都写给了曾经教过自己的老师，特别是教了他们五年之久的小丁老师。可是，小哲把信写给了我。他把信纸折好，装在一个很小的有漂亮图案的信封里，然后送给了我，信上这么写道：

亲爱的曹老师：

虽然你只教了我们六年级，但是我还是要谢谢你！在这一年当中你让我很快乐。我每次生气都不写语文作业，你都挤出空来催我写。一般都是老师生气，而不是学生生气。你不仅没生气还等我。我每次都先写其他作业，你却在旁边默默等我，教我怎么背书，怎么做题。谢谢您，老师！

我把他的信读了很多遍，然后用心折好，放回信封，再放入我的收藏盒里。因为这封信对我而言，意义很不一样。

让人高兴的是，他们毕业后，有一天晚上，我的 QQ 上弹出一个好友申请，上面写着“我是小哲”。后来，他告诉我，他回老家去读书了，所以要到八年级毕业时才能回来看我了。我真的很激动，原来，这孩子也像我在想念着他一样想念我。

小哲，加油哦！

转身，等待一个奇迹发生

虽然已经是冬天了，阳光却极好，空气里似乎涌动着蓬勃的气息，像是有很多希望在滋生。“嘀——”，我收到一条短信，是学生翊宁的：老师，新年好！希望下学期你能给我们推荐更多的好书哦！看了之后我不禁微笑。

一起读书，已经成了我和孩子们生活的一部分。

清冽的晨光里，我们通常安静地读书。今天，我们读春天，诗歌，散文都好。孩子们大都很投入，沉浸其中。也有掩饰不住内心兴奋的，把纸张翻得哗哗响，像是窗外小鸟的啾鸣。我总是会被他们各式各样的神情吸引，那一张张小脸为何能喷发出如此明媚的气息？我读的是许地山的《春的林野》，文字中洋溢的田野气息清新扑鼻。之后，照例是分享。翊宁总是很积极，今天，她读的是一首小诗歌，短短的，很有趣。诗中说，早春像是一个老头儿，脸像核桃仁儿，褶皱横生，偶尔开放的花朵，是他脸上深陷的窝。“哈，老头儿！老头儿！”佳昊冷不防地冒出声来，大家都吓了一跳，继而又都笑得东倒西歪。书瀚读的是朱自清的《春》，他一脸真诚，大声地读，后来，不知怎的，竟变成了不少同学的齐声诵读，看，他们的小脸儿仰得多高！语涵偏爱诗情画意的文字，她读的是“雨，像白珍珠，穿过潮湿的空气，轻轻地飘，轻轻地滴”。那柔和的语调一如春天的风，温润，和煦。时间有限，我收敛起内心想要一直听下去、一直听下去的贪婪，清清嗓子说：“看你们表现得这么好，我要送你们一份礼物！”“什么礼物？什么礼物？”他们迫不及待了。我故作神秘，拿起粉笔，在黑板上写起了刚看到的一首“图像诗”。

焰　　我
火　的
的　　　　心
倒　　　啊
颠　　　宛
朵　　如
一

“啊？”“什么？”“哦！我知道了！”“嘘，保密！”……教室里，得意的，迷惑的，惊讶的，烦恼的，什么声音都有。我则潇洒地转身离去——文字里的神奇与奥妙，留待孩子们自己去追逐吧！

其实，我也曾茫然过。

一度我就像帕尔默描述的，进行着“每天都进行的、随时让人挑毛病的教学工作”。我为孩子们作业中的错误感到生气，我为孩子们课堂上的沉闷而焦虑，我为孩子们并不骄人的成绩感到沮丧。我一方面在现实中灰心、泄气，一方面也在阅读中重新建构起教育的要义。

在一次次的阅读里，我经历着一次次不同寻常的旅行。沿途的风光旖旎无比，那里定有星月皎洁，萤虫翩飞；那里定有童年撒野、荒诞，无从悉数的成长烦恼；那里定有无数高洁的思想的碰撞；那里定有为你而写的一个词、一个句子……我说“定有”，是因为我已经记不真切了，记忆总是差强人意。但是，也有一些瞬间，当我“扭扭身体，或挤挤眼睛，我仍能看见阳光里的苹果，还有树枝和树叶”。我还能看见，是因为曾经“看见”过。我不禁有些欣喜若狂，因为我发觉，总是会有美好的印象残留在记忆中。

在读书的间隙，我会不自觉地和孩子们分享，有时是为了成全表达的冲动，有时只是出于教育的功利心。我还记得很清楚，那是临近期末的一个日子，为了鼓励孩子们珍惜时间，我动情地朗读了一首关于“时间”的诗歌。具体内容已不得而知，但我永远不会忘记，当说起时间也会留给每个人遗憾和悔恨时，班里那个常令人头疼的孩子——晨晨，居然伏在桌子上哭了。我是多么诧异啊！那一刻，我的孩子，你晶莹的泪珠就如那一线纯洁的光，穿透我所有虚妄的固执。我突然顿悟，不是所有善意的教育都是好的教育，只有正确的教育才是好的。正确的教育来自于我的阅读，更应来自于学生自己的阅读，只有在文字里，他们才会找到让一生富足的灵魂。

我们的生活从此变得不同。

最近几天，老师推荐了一本名叫《夏洛的网》的书，这是一个关于一只猪和一只蜘蛛的故事。老师讲得可好听了，我仿佛身临其境。突然，老师的声音戛然而止，我如梦初醒。老师说道：“大家想知道最后那只小猪被杀了吗？那就自己去看吧！”就这样，我们全都蠢蠢欲动了！（子琪）

那一天是晨会课，大家不知道要干什么，闹哄哄的。曹老师说：“今天，我给大家介绍一本书，名叫《一百条裙子》。大家有没有什么问题啊?”听了这个书名，一只只小手立马举了起来，有问是谁写的，有问为什么取这个书名，等等。老师笑笑说：“答案先不告诉你们，要自己去看哦！我们先来读一段吧！”大家都热烈地鼓起掌来。我从小爱听故事。老师娓娓道来间，我已经展开想象，对这本书有了莫名的好感。（小宁）

曹老师喜欢和我们一起读书。有一次，曹老师捧来一些书，我们每人拿了一本，坐在石阶上，靠在桂花树旁，围着曹老师静静地看。老师用书来净化我们的心灵，书，成了我们一生的朋友。（小涵）

就这样，看书，聊书，成了我们的快乐所在。我们每周都盼着能读到更好的书，也常常会暗自较劲儿，看谁读的书更多。我为爱读书的孩子发一张小奖状，让他们将幸福传递给自己的家人。

课堂上，我们的对话轻松而愉悦。比如，我说："孩子们，都说春天真的来了，你们发现了吗?"鹏生说，他和妈妈去爬山的时候，看到一丛丛山茶花鼓起了花骨朵儿，犹如吃饱了的胖娃娃倒头睡在了绿叶上。玟炎说，春天是匆匆赶来的，还没喘过气来呢，所以还是这么冷。陈颖说，柳树已经有了一点绿意，但是就像何逊书中写的"轻烟渗柳色"，稍不经心，就真以为盘绕着树梢的只是一缕缥渺的轻烟。我很惊讶，因为我从没教过他们这些内容。这些小小的人儿倾吐出的这些美妙的话语，就像那朵朵鲜花，盛开在春天里。

课余，都是捧着书自顾读、围坐在一起热烈讨论、悄悄在日记本上写着字的场面。我时常满怀欣喜望着他们，心想，也许有一天清晨，我真的会转身看见一个奇迹发生。

孩子，该不该相信你

昨天一天我都埋头于成堆的习作中进行批阅，枯燥间却也因为孩子们文字的俏皮可爱而欣慰了不少。可是，翻开学生明明的本子时，却发现是空白一片。

也许是没有做吧，这孩子偶尔会偷懒。

于是我把他叫了过来，不动声色地问："明明，你的作业呢?"

"哦，我写在了另外一个本子上，忘在家里了。"他像是准备好了似的脱口而出，显得一脸无辜。

看着他那一脸真诚，我虽然有些犹豫，却还是选择对他说："老师相信你，但明天不要忘了带来啊。"

"知道了。"他快速地做了保证，然后一溜烟跑掉了。

"千万不要说相信他，他会在心里笑话你的。"办公室里的老师微笑着告诉我。

我一愣，他真的会笑话我吗？我到底应不应该相信他呢？

第二天一早，我心里怀着侥幸来到学校，我多么希望他的本子已经安静地躺在我的桌子上了啊！可是，没有！

走进教室，我俯身问他：“作业本呢？”

“忘了。”轻飘飘的两个字将我彻底打败。

“真的忘了吗？你到底有没有写？你说忘了，那么请你爸爸妈妈送过来！”我终于忍不住了，在一连串的追问中将不满、怒气通通表现了出来。

可是这孩子仍然满脸坚定，郑重其事地说：“我写了，写在了我的日记本上，本子就在我的书橱里。”

直到我跟他爸爸通话，直到他爸爸找不到再打电话来询问他，直到他爸爸终于气喘吁吁地将日记本送过来并在他眼前翻开，他都没有动摇！可是，日记本上哪里有那篇文章的影子？

那一刻，我真的恐惧了。孩子，我害怕面对这样的你，面对一个说谎时还如此自然的你。或许是我不好，不该看似善意地给你留有侥幸的机会。如果你真的在心里笑话我了，我是否也要笑话自己呢？

回过神来，我一脸严肃地告诉他：“明明，首先你要明白，其实老师昨天就已经知道是怎么回事了，之所以相信你，是想暗暗地给你一个弥补的机会。而且，偶尔一次没有按时完成作业本来是件小事，可是，你却接连用了几个谎言让这变成了一件‘大事’，你必须为此负责。你要将自己的所思所为记录下来，还要向老师和爸爸道歉，更要马上将作业补上来。”

此时的明明早已满眼含泪，他果然在很短的时间内补好了作业。

然而，看着眼前的作业本，我却丝毫找不到“胜利”后的成就感。这么简单的弥补措施，我不应该在昨天，在刚发现这件事情的时候就解决好的吗？如果我能更敏锐地察觉出来，能更机智地应对，如果没有给他制造说谎的机会，也便不会有这样不愉快的经历了。

想起近日阅读的李茂老师编译的《今天怎样“管”学生——西方优秀教师的教育艺术》，书中那一个个词条、一项项建议让我接触到了切实可行的、科学的学生管理策略。印象最深的是李茂老师的序言：“如果教师在面对学生时心中有一个清晰、明确且坚定的专业态度，那么，他在考虑具体问题的处理方式时便不会迷失方向。”教师的专业态度包括“心平气和、心态积极、尊重学生、帮助学生、始终把学生的学习（广义的）放在第一位……”“这种意义上的态度，比起‘无私奉献’‘爱生如子’来，或许是更有现实意义的师德。”多么智慧而中肯的话语！只有拥有专业素养的教师，才会真正拥有师德，才能真正惠泽于每一个孩子。而如果只有善良的名义，那么，“保护”也会成为伤害。

昨天，当我把“相信你”作为解决问题的托词时，我就已经背离了教师“专业”了。

秋天里的一只蝉壳

今天午后，我的心情很好，便和孩子们一起聊天。

我对他们说：都说秋天来了，可她到底在哪儿呢？树叶还没有落下，还是那么有生机；天气也不是很凉，人们依然穿得很单薄。秋天到底藏在哪些不起眼的角落里？我们不如去找一找吧！

孩子们纷纷响应，于是大家一起向后山出发。

有冲向石榴树的，仰头看看：“哇，好多石榴。”“老师，石榴一般什么时候红啊？”“老师，这石榴可以吃吗？”“老师……”好多张小嘴叽喳着，像一群快乐觅食的鸟儿。

有三三两两走向桂花亭的。石子很安静，石缸很安静，孩子们也静静地走着。“老师，我发现了，你看，睡莲就剩下最后一个花苞了。”他们又把小手指向桂花树：“你看，看见了吗？那里有两朵桂花！不对不对，是三朵！不对，是四朵！”是的，老师看见了，小小的，没有香气，也不张扬。

也有一群孩子沿着小径向卓尔亭走去，他们看看树，摸摸石头，也在石头缝里用心寻找着什么。还有趁机玩耍的，一溜烟，就去看那只石雕的小羊了。爽朗的笑声从高高的平台间飘了出来，像是秋天爽朗的风。

“啊，一只蝉壳！快看，一只蝉壳！”几个男生在大树底下有了新的发现，激动得大叫大嚷。于是，大家全都涌了过来！“让我看看，让我看看。”“啊，真的啊，还有吗？”“我来找找看，还有没有了”……无数颗小脑袋挤到大树下，个个眼睛睁得溜圆，却半天无果。最后，大家围着那个手托蝉壳的孩子，大摇大摆地走回了教室。

没想到，后面还有故事。

回到教学楼，走廊里闹哄哄的。

“老师，明明怕虫子！哈哈，他居然怕那只蝉壳！”显然，一个恶作剧正在上演。

“老师，他们拿蝉壳来吓我！”明明哭了，可怜巴巴地望着我。

我见状连忙制止，那帮小家伙一哄而散。

其实我也有些奇怪，一个高高大大的男生，怎么会害怕一个小小的蝉壳呢？真的那么胆小吗？我决定问个明白。

等明明擦干眼泪，平定了情绪后，开始向我讲述——

我小时候吃饭不乖，所以每次吃饭的时候，奶奶就会吓我：“再不吃，大蜘蛛就要来吃你了。”边说边在我的屁股上用力拧。每次都这样，一直到幼儿园大班的时候。所以，我从小就害怕各种各样的虫子。

看来果真是有原因的，童年的灰色记忆成了孩子们成长过程中永远的阴影。

于是我微笑着告诉他：“哦，是这样啊。没关系，这很正常，老师也有从小就害怕的东西，猜猜是什么？”

明明很聪明，一下就猜到了，并且还补充了一句“我一点儿都不怕那个”，还一脸得意的样子。

“可见，心里有害怕的东西并不是一件羞耻的事，每个人的内心或多或少都会有，这并不是胆小的表现，只是心理上的一点小小障碍，跨过去就会慢慢好了。老师是怎么做的呢？老师经常对自己说，这有什么好怕的呢？我试着去了解它，去面对它，时间一长，果真不那么害怕了。你也可以的，愿意试试吗？”

他笑着点了点头。

当然，最后我也和班里的孩子们说起了这件事。因为，尊重每个人的特点，学会用善良和包容的心态对待他人，也是他们应该要学习的品质。

你们，多像四月的春风

这段时间我的心情有些严肃、紧张、不舒展，这与四月的烂漫春色不太协调！此刻，我需要想一些事来调适一下，换种思绪，也换种心情！

我想到了班里几个小家伙，说说他们的故事权当“消遣”吧！

又到了我分饭的日子。班里的孩子明显乖巧了不少，个个都安静地吃着，使劲地吃着，“装模作样”地吃着，不想被我抓到“浪费粮食”的把柄。可是，不巧的是，今天吃的是“小鸡”——大多数孩子都这么称呼躺在他们饭盒里的那只小鹌鹑！那嶙峋的骨架、小小的脑袋、柔弱的小腿都给孩子们带来了不小的“震撼”。这种“震撼”在每一次它出现时都会被反复诱发，以至于我都不希望食堂的师傅烧这道富有“个性”的菜肴了。孩子们有双手并用用力撕咬的，有瞪着双眼无能为力的，有皱着眉头难以下咽的，也有偷偷送给他人的。津津有味嚼着的孩子实在不多。因为自己也对某些食物有天生的偏见，所以，看着孩子们的种种表现也能理解他们——今天暂且就睁一只眼闭一只眼吧！因为有检查剩菜的惯例，所以，绝大部分的孩子还是克服了心理障碍，全都吃光了。当我也在讲台前吃饭时，陈杰拿着一个盖得紧紧的饭盒上来了，猛地抓起我的手，放到他的饭盒下面，很诚恳地望着我说：“你看，轻不轻？”还没等我反应过来，他又接着解释：“我吃得只剩下一点儿了！可以了吗？”还没等我反应过来，他又一瞬间把饭盒放到了盒框里。我真是忍俊不禁，怎么有这么可爱的孩子啊？那个“轻”字就是他已经基本吃完的代名词，他小小的脑袋究竟花了多少心思才会想到这个呀？难不成边吃边为不吃找借口了？

那天早上我照例走进教室，清晨的美好在教室里弥漫开来。

叶语蒙一看见我便兴奋起来："曹老师，陆语涵说要给你一张奥运会的门票！她也要给我一张！"为了证实这句话的真实性，她继续补充："真的，是她妈妈说的，她妈妈早就买好了！"语涵是个相对腼腆的女孩，她微笑着看着我，有点不好意思。"哦？真的要给我奥运会的门票啊？"我故意逗她。"嗯！"她使劲点头！其他孩子都笑了起来，很开心，因为我的开心而开心。我压抑着想哈哈大笑的冲动回到办公室，将这个"好消息"告诉同事们，不想引来一片大笑。"哈，这次你可要烦恼了，现在开始就得去开介绍信，打证明，联系宾馆……当然，现在宾馆也未必联系得上，那就只能去租民居了，就算是租到民居，到时那儿的各项消费也绝对不会低的……"听着一长串"周星驰氏"的语言，我终于投降了："千万不要给我啊！"

光有喜欢是不够的

今天的语文课在上午第三节，我继续教《烟台的海》一文。

"通过上节课的学习，我们知道了烟台的海的冬天和春天分别有什么特点呢？"我提出的这个问题只得到了少数几个学生懒洋洋地回应。

"再来读读夏天的海，作者为什么会觉得这是浪漫的呢？"这次，举手的学生更少，只有三两个。

"那么秋天呢？你觉得可以用什么词语来概括秋天？"其实书上有这个词语，却只有一个学生找到。

"课文最后一节是总结的段落，说烟台的海是一幅画，是一个背景，还是一个舞台，你们觉得是为什么呢？四人小组先结合课文内容讨论一下。"讨论其实还挺热烈的，但到了单独交流的时候，学生又都沉默了。

看来，这样的课堂必须暂停了。"孩子们，你们到底是怎么了？我想知道最真实的原因。"我问。

"曹老师，我上课的时候有点分心。"几个学生很诚实地告诉我。

“有的问题我还没想好，老师就开始请大家交流了。”玥感觉思考的时间不够。

“现在我思考问题跟以前不太一样了，我觉得答案过于简单不太好，想得深入时间又不够。”志文是个阅读量很广且颇有思想见地的孩子。

“我想不出来，又担心说错。”这是几个女孩子的想法。

小管将手举得老高，迫不及待地说：“曹老师，其实我以前在课上是很随便的，想说什么就说什么，虽然说出的答案十个当中有六个是错的，但最近我希望自己回答的每一个问题都是正确的，所以思考时间比较长。”他顿了顿，“还有，以前那位王老师上课的时候手舞足蹈的，你能不能也幽默一点儿?”

孩子的心是透明的，语言也是，虽然我有点难以接受他们直白的语言批评，但这是事实。我的性格有些偏向温和，要想夸张地教学，甚至激情澎湃，真不是那么容易。而且课堂的时间又是那么有限，我总舍不得把时间过多地用于等待。

接手这群六年级的孩子后已经进入第二学期了。之前有三个语文老师教过他们，我是第四个。

在还没有过多认识和了解他们之前，我就对自己说，我要先喜欢上他们。教过十多年书之后，我越发明白，教育的灵魂是情感，良好的师生关系是一切问题的制胜法宝，正如斯宾塞所说：“不要希望儿童有大量的美德，教育者的全部奥秘就在于如何爱护学生。如果你讨厌学生，那么你的教育还没有开始实际上就结束了。”而我自己的体会是，哪怕你不讨厌，你只是没有那么真心喜欢，或者有时只是把教学当成全部，想了很多策略改进教学、调整方式，而漠视学生或者自己的内心，教育都没有办法真正实现。

所以，我会用尽全力来表达对他们的喜欢。

我选择微笑着和他们相处。我会在最短的时间内记住他们的名字，发现他们的优点；我会真诚地告诉他们想要和他们度过美好的时光，告诉他们我的一些经历，一些想法甚至一些秘密；我会在自己生日的时候和他们分享小点心；我会每节课都为他们准备“惊喜卡”，卡片上的内容各式各样；我会和他们一起拍张照，饭后一起散散步，给他们一张小奖状，允许他们带些水果；我会叮嘱他们给爸爸妈妈发一条表达感激的信息；等等。当然，我会特别努力上好每一堂课。

孩子们也回应着我：“曹老师与我们一起玩耍，用不同的方式与我们一起学习语文。”“曹老师很温柔，上课时很认真。我们不认真时她会难过，但她不会不喜欢我们。我们一定让曹老师天天开心！”“脾气很好，从不发火。对学生十分亲近，拉近了学生与老师的距离。”“曹老师总是笑，还很可爱。”“因为曹老师是一个热爱阅读的人，所以她一定能把我们教好。”……这些都是孩子们写在小卡片上送给我的礼物。我小心翼翼地珍藏着，也会在疲倦或软弱时重新阅读它们。

我确信，我们彼此的接纳与喜欢并不曾消失。只是当时间一天天过去，彼此变得更加熟悉，教与学的方式也更加成型而缺少了一些新奇感，缺少了“兴奋点”时，我们将如何更好地继续呢？

显然，光有喜欢的课堂是不够的。

我反复回想孩子们坦诚的话语，也回想自己的教学过程。

我一直努力营造一种开放的氛围，一直鼓励他们要大胆表达，甚至制订了不少奖励的措施，但效果并没有我想象中的那么理想。我还要补充的是，很多问题的提出并非是我的一厢情愿，而是孩子们在预学单上自主提出来的。我通常都会将他们的问题进行归类然后组织大家讨论，即便如此，孩子们似乎并不领情，为什么呢？

这种时候我总是忍不住到书籍里寻求帮助，比如《教育与脑神经科学》这本书。书上说：“生活中的起起伏伏困扰着我们的大脑。学生或许想在白天打几次盹养养神，但是教师则想要学生始终如一地聚精会神。如果教师没有一些给学生提神的行之有效的策略，这的确是一个难以应对的挑战。”看来，要激发和保持学生的活力，策略很重要。回顾以往的课堂，大多数时候都是我提问学生回答，我继续提问并期待大家继续踊跃回答。

在这样的课堂上，学生要做的事无非就是倾听和交流，最多再做一些练习。学习活动变得简单化、模式化，教学策略单一而枯燥，难怪孩子们会心不在焉了。更糟糕的是，“如果我们滥用忽视学生的情绪与认知特征的教学策略，也就使学生失掉了学习机会，因为情绪与认知是增强记忆力的两大要素”。

书中还说，“当学生看不出学习和现实生活的相关性时，他们就不会再去学习，会感到厌烦或感到压力”。再回头看看我们的交流内容，就课文而课文，就句子而句子。这样的交流既不用动用太多（有的时候甚至根本不需要）原有的生活经验，也不会形成更新的体验纳入原有的经验系统。学生在学习过程中很难找到学习与生活、与实践的联系，不明白为什么要学这些知识，便失去了学习的动力。如果说教学策略是外在的组织方式，是可以不断改进的环节，学习的意义则更指向于学习的本质，应该沉潜在教师的心底，作为一切教学设计与实施教学策略的根基，应该被不断地唤起、反复地强调。否则，学习的过程就会变得没有意义。

在阅读与反思间，我逐渐有些豁然。教一堂课就像唱一首歌，不仅需要情感的滋润，也要求技术的精湛与高超，需要策略的适切甚至新颖，需要对艺术有本真的追寻与守护。这样，才能动人，才能直击学生的内心。

教书之艺术，恐怕穷极一生也只能是通晓一二。然而，还是要感谢我最亲爱的孩子们，你们今天的直言至少让我明白，光有喜欢是不够的。

·附录·

附录一
对话曹丽秋：做童年面前最合适的人

下文为《石梅苑》杂志编辑钱静霞（昵称：长路）对秋秋的采访实录。

从土层出发，追着时光修行

长路：工作至今十多年，总有一些词语、一些故事、一些人陪着你一起走过教育乃至人生路上的沟沟坎坎，能与我们具体谈谈那些留存至今依然刻骨铭心的时光故事吗？

秋秋：好！我可以从老家开始说起吗？

长路：当然可以。

秋秋：呵呵，好像有点远了啊。只是我是一个在农村长大的孩子，我最深情的记忆都在那里。

沿着门前的那条小河往前走，是我和小伙伴们每天上学的路。不用特意邀约，总是会有五六个蹦跳的身影不期而遇。下雨时，有很多家长会来送伞，而我，不知为什么，总是执拗着不让送。所以，通常是爷爷撑着伞来接我，一老一小在泥泞的小路上慢悠悠走着，就那么留下深深浅浅的脚印，这个情景成了我永远的怀念。

吃完中饭是一段漫长的休闲时光，也说不清到底是几点上课，只记得我们经常奔跑在杂草丛生的操场上，或者是跳着花样百出的“皮筋儿”。

河上有一座很老的桥，弯弯的脊背，笨笨的石墩，靠岸的两个桥洞里堆满杂乱的柴草，有时候，可爱的小猫会在里面做窝，老桥旁是一条写满人间烟火的水栈。

最美的是夏夜。因为通透，那儿的风最清凉，于是，摇蒲扇的老人在唠家常，男孩女孩们追着跑，也有人搬出矮矮的方桌在桥头供大人们围坐着闲话，让孩子们躺着看星星，人们总是要到夜深时才散去。

而我，就会和爷爷在桥面上搭一顶蚊帐，睡在那儿。虽然也会担心一不小心翻身掉入河里，但至今再没有过那么安详又美好的夜了。后来，老桥改造了，爷爷也走了。我知道，是这里，给了我一生的舒缓、朴素与温暖。

长路：被你的故事打动了！那个年代的孩子，仿佛都有着相同的回忆，我想起陪伴我童年的祖母了，纳凉，数星星，摇蒲扇，看牛郎织女星，这些记忆都带着亲人的体温，成了我们一生的财富。

秋秋：是啊！渐渐长大以后，外出求学、工作、结婚，也生了孩子，可我从没远离过老家，每个周日我都回去。我会和儿子一起去找蚕豆的“耳朵”，去找沟渠边的马兰头，油菜花开的时候会偷偷地舔吃花蕊里的蜜。有时会串一串门，吃一吃隔壁娘娘（苏州方言）家晒的毛豆干，或缸里腌的黝黑的酱瓜。有时也会傻傻地站在屋后的田地里，吹吹野风，望望天空，再看看那些绿的、黄的、蓝的、黑的，我的乡下，我的家。

真的说不清那种感觉，只是纯粹地喜欢。其实我很笨，根本不能说出这些植物的名字、那些昆虫的小名。我爸爸还经常笑话我，说我连稗子和稻子都分不清。可是，看着它们，我的心里总有一种宁静的感觉，有一种回到童年的喜悦。

可能这里藏着我内心深处最深刻的情感吧。因为是我的家乡让我一直知道我是谁，我从哪里出发，我想要的是什么，然后，立志做一个纯粹的人。

长路：前几年我写过一篇关于老家的小文，记得其中一句是这样写的：“生在泥土里的人，洗不尽那身土气，这里的一切，还写在我的脸上。”我想，农村走出去的孩子，不管跑得多远，都挥不去内心的“土层”。

秋秋：没错，这种对乡土的依恋会随着年岁的增长不断变得浓厚。上个礼拜回家，我和儿子步行好久走到了镇上的粮管所，去看那棵常熟城里最老的银杏树。一路走去，路过废弃的棉花收购站，那铁门上的字迹犹在。路过那条窄窄的街道，那是我上中学时每天骑车经过的地方，依稀还能闻见油条的香味，那时候我最喜欢在路上买一根当早点吃了。然后到了粮管所，"哇！"我当时几乎叫出来，那门廊边的旧黑板居然还在，几个圆圆的大米仓也在，真是难得。如今，银杏树长得又高又粗，我们站在旁边拍照，想要把偌大一棵树全部照进去，怎么也顾不周全。无奈，在那儿徘徊了好久，最后靠着斑驳的墙，留了一张影。

说不清为什么，我特别喜欢这种老旧的事物。老罐子，老凳子，老粗布……和面对那些虫虫草草的时候一样，其实我对它们所知甚少，也并不愿意花太多的心思去研究它们的年份，它们的价值。很简单，我喜欢的就是那种感觉。看着它们，我会觉得它们一点儿都不老，一点儿都不干瘪，它们的灵魂里装着满满的过往和曾经的光华。它们就像是历经了生活的洗练，最终成就了现在的安静、古典和优雅。

后来，我读蒋勋写的关于"渲染"的文章，像是突然找到了答案："有了'渲染'的审美，是开始懂得在时间里修行了。"我觉得，这种老旧的东西真有一种可以渲染的美，深深浅浅，浓浓淡淡，饱含回忆的痕迹。看着它们，就能看到时光的流淌，也开始懂得，时间也不单单是时间，它就是生活，就是每一个需要珍视的现在。

长路：说得真是太好了！我可不可以理解为，你正是这样从土层出发，追着时间修行，把土地、亲人与乡野恩赐给你的安静、坚韧、古典和优雅的品质和精神，统统还原到了你当下的教育生活中？

秋秋：应该是！当然我喜欢的东西还很多，千万不要把我想成是一个迂腐古板的人哪！

在童年面前最合适的人

长路：可不可以这样说，你自小形成的那种恬淡的个性，在不经意间都渗透到了你的工作和你的课堂，并使你的课堂变得浪漫，或者说是诗意?

秋秋：很多人对我课堂的评价都是很诗意，很浪漫。说实话，我的确曾经为营造这样的课堂而努力过，但随着时间的推移，随着对课堂价值的再审视，而今我更想要的课堂是自然的，是灵动的，是饱含更多生命气息的，至于其他的，我并不太在意。

长路：这种再审视，其中肯定少不了学习、提升和观念的革新……

秋秋：当然，这样的改变其实经历了很长的时间。

或许我又要从头说起了，不知会不会太冗长，不如我挑几个较为难忘的时间点来说吧，它们之所以会留在我的记忆里，一定有着它们自身的意义。

工作前几年的我很是自由自在。说自由自在，是因为那时的教学纯粹是自我开发型的——想怎么上就怎么上，完全自发的备课与上课。因为没有太多的约束，反而给了我发挥的空间：每天想尽办法上出好课，想尽办法吸引学生，青春的意气风发像是找到了迸发的土壤。第二年，学校组织了一次市级展示活动，不知为什么竟安排我上一节写字指导课。我欣然领命，积极准备，充分发挥学校的电教特色，制作了生动有趣的课件来辅助教学，效果很是理想，获得了很多赞誉。

长路：嗯，当时的我还没有来到石梅小学，不过“石梅有个曹丽秋”这话听得不少！(笑)

秋秋：(笑) 大概是学校领导看我挺用心的，我也算有点悟性吧，所以之后参加比赛与展示的机会就逐渐多了起来。记得有个要求满三年教龄的教师才能参加的优课评比活动，还那么稚嫩的我有点不自信，因为我是悄悄地提前一年参赛的。当时，分管教学的俞校长陪着我一遍遍研磨教材，一次次修改教案。临赛前的那个傍晚，我们两个坐在办公室里，把教案的细枝末节再次一一熟悉。我拖着疲惫的身躯回到家里，半夜竟发起了高烧，紧急送到医院挂水。第二天一早，想着俞校长的付出，想着学校的期待，我硬是咬牙坚持着赶到了赛场。幸运的是，我顺利通过了市级赛事，又通过了复赛选拔，最终获得了苏州市一等奖的好成绩，这对于初涉教坛的我来说真是莫大的鼓励。之后，我又在俞校长的指导下陆续获得了苏州市整合课评比一等奖、苏州市信息技术能力竞赛一等奖、全国录像课评比二等奖等。不得不承认，那五六年的时光，我在师长的指导下，凭借着逐渐积累的经验，俨然成了一个无知无畏的勇士，纵情驰骋在教坛。

长路：正所谓“初生牛犊不怕虎”却还“偏向虎山行”，是吧？

秋秋：呵呵，你知道的，这样的骄傲注定是会碰壁的。

那次，参加省级评优课比赛的机会又落在了我的头上。一番精心准备之后我满怀信心，最终却只获得了二等奖，内心的失落一下子涌了上来。也许，痛苦是思考的前提吧，冷静之后，我开始反思：你凭什么认为自己志在必得呢？就凭你的那些经验吗？除此之外你还有什么？说真的，我根本无法回答。也就是在那一刻，我忽然明白，这么几年的“自以为是”里有着多么可怕的空缺——教育理论的空缺、教学思想的空缺。这样注定了我只能是一个“依葫芦画瓢”的教书匠。

于是，便有了后面去高校读教育硕士的经历。

长路：打心底钦佩你，你的经历鼓舞了不少石梅人！

秋秋：我一直记得那样的夜晚。上完课后回宿舍，阵阵清风里，法国梧桐在层层叠叠地响，校园里逼人的青春气息扑面而来。拧亮一盏台灯，安静地阅读，写下长长短短的日记，然后站在窗口看天上的月亮和星星。岁月如此静好，你分明可以感觉到身心都鲜活起来。所有的一切似乎都让有限的生命空间得到了延展。

在那里，更有一批令人折服的老师。他们或严谨，或幽默，或率性，或敏锐，他们用各自的方式将知识传递给我们，同时传递的又不仅仅是知识本身。

之所以要浓墨重彩地提起这一段，是因为我切切实实发现了自己的变化——我开始尝试着从课程论的视角去实施教学，我开始硬着头皮去研读一些理论专著，我开始更有底气地设计教学。我真的觉得，这一刻，我的教学才刚刚开始。

长路： 教育的每一天都是新的。现在，我能不能说，你在不断成长的孩子们面前，永远会看到自己的不足？而且，你越来越享受和他们在一起的时光，也越来越小心翼翼，努力地做一个“在童年面前最合适的人”？

秋秋： 我不能说自己现在的教育有多么游刃有余，但我努力尝试做那个“在童年面前最合适的人”。就举个上课的例子吧，很有意思。

那天和孩子们学《记金华的双龙洞》，开头的写景部分文字鲜亮，主要以颜色勾勒出了一路明丽的景致。孩子们在文字里尽情地想象着，他们不由得感慨：“哇，真美啊！”我在一旁附和：“是啊，看来写景的方法还真多啊！你看，当这些带有颜色的词语放在一起，整个句子都被涂抹上了色彩。”他们纷纷点头赞同。我想：在孩子们有感触的地方适当引导，是否就会自然而然让学生习得方法？

想到这儿，我冒出一个想法，学校的后山不也正是一派葱茏景象吗？我脱口而出：“我突然有一个冲动——”哈哈，你猜怎么着？那些小家伙竟异口同声地说：“啊？不要——”我很诧异：“啊？不要什么？”“不要写作文啊！”他们一个个愁眉苦脸的样子，真是可爱极了！我当时就大笑起来：“可是，我的冲动是带你们一起去后山看看啊！你们不愿意就算啦！”

当然，后山肯定是会去的，那里有我们最生动的时光。有时是午间，师生各自捧着喜欢的书，找个角落投入地读，那时候树影正好，遮挡了阳光，只留下满院馨香与清风。有时是举行诗会，你一首我一首，长的短的不论，听不听得懂也不管，只要喜欢就行。那次，奚悦和林宇居然偷偷地编了一个花环送给我，关照我读诗的时候一定要戴上，我欣然应允。后来，子航写了一首诗歌，里面有这么几句：“这个中午，笑声翩飞，一切，都成了我们的独家记忆。”有时就是纯粹地玩儿，让孩子们去找昆虫，观察，然后放生；让孩子们静静地站着，比比谁听到的声音多；让孩子们去收集气味，比比谁的感觉最敏锐……

长路： 听你一路讲来，我心头除了暖更多的是体会到了教育的温情和幸福！你的教育是一首春天的诗行，草木鱼虫的好奇，都是儿童的好奇、你的好奇。

秋秋：是的，童年是什么？我记得茶居老师说："她们是这个人间的好奇和惊喜，她们是语言里的'啊''呀''吗''嘿嘿''哈哈哈'……"真是这样，当你看着这些孩子时而天真烂漫的调皮，时而沉静投入的乖巧，你真会由衷地感慨：再没有比孩子更可爱的存在了。你说，做个老师，和孩子们在一起做各种有趣的事，是不是很幸福？

附录二
学生印象之老曹

在我心中，曹老师既是一个有才气的语文老师，又是一个有点孩子气的朋友。有时候，我们会在背地里偷偷叫她“老曹”。我想只要是被她教过的学生，应该没有一个不说她好的，甚至没有一个不喜欢他的。用三个字来形容她——有魅力！

她应该是我接触过最“亲民”的老师，也不是说别的老师凶，反正在她身上总能感觉到一种和我们这个年纪一样的青春气息。每次和她走在一起，绝对没有约束感。你会在凶巴巴的班主任后面做鬼脸吗？或是在有“狮吼功”的数学老师后面扯扯她的头发或挠痒吗？但是，如果你幸运地碰到曹老师，或者说曹老师不幸地遇到我们这些“调皮鬼”，那各种“小动作”就都可以了。

跟老曹在一起，你会真正感受什么叫“无压力”！

记得一次午休，我和同桌悄悄地在那里打赌，我说：“嘿，你相不相信我敢跟曹老师说‘I Love you’?”同桌说：“你肯定不敢说!”我接招：“那我说了你得叫我‘王哥’啊。”同桌轻飘飘说了句“随便”。那时曹老师正在批改作业，我突然提高声音对她说：“曹老师！I love you!”说完，曹老师貌似呆了几秒，眼睛瞪得好大好大，然后居然对我说：“I love you too!”天啊，我没想到曹老师会这样说，愣了好一会儿，居然忘了与同桌的赌约。

我和曹老师的故事还有很多，一时也说不完。尽管我毕业已经两年了，但我始终没有忘记六年来她的倾情培育。她生气时的嘟嘴，她清秀的字迹，以及那些感人的点点滴滴，都已成了我最甜美的回忆。也许现在的老曹已经有所变化，但是，那个曾经我们熟悉的老曹，一直都留在我们心里。

王未洁（2012届学生）

·后记·

你们，就是我的“宝藏”

本书稿修改完成时，差不多又到了一批孩子毕业离校的日子了。空气里弥漫着些许忧伤的气息。

我照例给孩子们写信。这一次，我给他们讲了那个牧羊少年圣地亚哥的故事。

圣地亚哥为了找到自己梦中反复出现的宝藏，离开家乡，历经磨难，终于来到了“在白色沙漠映衬中，沐浴着满月银辉”的埃及金字塔下，然而，他并没有挖到宝藏。难民告诉他，自己也做过一个梦，梦见在西班牙的田野上，有一座残破的教堂，教堂里的一棵无花果树下，埋藏着一笔宝藏。而那里正是圣地亚哥出发的地方。

书的最后写道，圣地亚哥对金字塔报以微笑，因为他已经找到财宝了。

我把信寄给孩子们以后没两天，思清就跑过来跟我说：“曹老师，我以前看过这本书，没看懂，这次我又看了一遍，好像有点懂了，谢谢你!”

大眼睛的以希则蹦跳着跑来，也塞给了我一封信。上面有这么一段：

“我发现曹老师您在写书啊！我摘抄了一段歌词，也许对您有些启发哦!

“有梦不会害怕孤单，阳光洒满我的窗帘。奇迹一定就会出现，七彩花瓣开的那天。用音符与世界连接身边的一切，用歌声传达每一句成长的誓言。跟着我一起努力飞向明天，把梦想来实现。……自信满满地面对一切，我要闪亮全世界。

“祝曹老师像上面说的那样闪亮全世界!”

多可爱的孩子！其实，我写信原本只想表达我对学生的祝福，可是美好如他们，那些暖暖的回应让我喜悦满怀。

我想，他们大概都读懂了追梦的价值，但不知有没有读懂离开的意义。

每一次离开，都是一次新的启程，都会迎来新的遇见，我们因此会有更多对生活的体悟，对自我的认知。当有一天，带着这些经历再次回来的我们已经是不同的了——我们终于学会了寻找近在咫尺的“宝藏”。

这样想来，这次将书稿结集出版，也是属于我的一次教育“远行”吧。

虽然我走得这么战战兢兢，这么没有底气，可还是有那么多人坚定地站在我身边，给予我勇气和力量。顾泳校长注定是我生命中的“贵人”，她总是用她的睿智点染我，用她的宽厚激励我，是她的信任与期待促成了这本书稿的诞生。丁昌桂老师是我的师傅，是我成长的引路人，他虽然已经退休，却依然在用心做着一份高质量的刊物。每每想到他几乎每晚都忙碌到深夜，却依然挤出时间来帮我写序，我总是找不到合适的词语来表达内心的感激。

我还要感谢郑桂华教授，我读硕士期间上郑老师的课，才知晓教材、教学与课程之间的联系与区别，这次学习为我打开了一扇瞭望远方的窗。还有苏州市小学语文教研员许红琴老师、常熟市小学语文教研员居文进老师等前辈，他们给予我一次又一次机会、一次又一次指点，这才成就了我现在的模样。

文芳、仲兄、长路、丹丹、娜娜等都是我的挚友，我也要感谢他们。那一晚，我把书稿的框架打印出来，然后拉着他们一起讨论，一起修改。外面雨下得很大，“滴答”不停地敲打着窗檐，也温润了我的心田。家人也给了我无条件的支持。陪伴儿子小恩一起成长的日子也让我更懂得了如何靠近儿童、理解儿童。

最后，我还要郑重地感谢所有我教过的孩子们。如果没有你们，这本书便不会存在，更为重要的是，如果没有你们，也便没有那么多美好的故事，那将会是多么乏味。得知我要出书，子烨、绮雯、语涵、陈颖、吕旸、宗琦等孩子为我送来了长长短短的文字，读这些文字的时候，我觉得做老师真的好幸福。班里还有好多孩子来问我：“曹老师，你的书什么时候可以出版啊？出版了以后能不能送我一本啊?”他们围着我叽叽喳喳，脸上显出一种满满的荣耀。

看着他们，我知道，我已经找到了“宝藏”。

曹丽秋

2016 年 6 月于郁文楼

江苏凤凰教育出版社
《行知工程》系列丛书目录

系列	序号	书名	主编	定价
创新教学探索系列	1	《做童年面前最合适的人——我和孩子们的“童化语文”》	曹丽秋	30.00
	2	《品世界名画，学精彩作文 ——特级教师的“名画”作文教学法》	李日芳	36.00
	3	《玩出精彩作文——张化万活动作文教学经典策略》	张化万	35.00
	4	《〈红楼梦〉里的语文课》	李日芳	30.00
	5	《让学生把母语用精彩——“语用课堂”的探索与实践》	佘小红	30.00
	6	《“备”出课堂精彩——备学式教学的课堂实践与思考》	张旭兰	30.00
	7	《神奇的阅读教室——带学生踏上美妙的阅读之旅》	李祖文	30.00
	8	《打造有生命力的课堂 ——“两步八环节”教学模式探索与实践》	查联智	30.00
	9	《最能培养学生探究能力的课堂 ——小学科学与信息技术单元整体课程实施与评价》	李怀源	30.00
	10	《最能激发学生运动天赋的课堂 ——小学体育单元整体课程实施与评价》	李怀源	30.00
	11	《最能提升学生艺术素养的课堂 ——小学艺术单元整体课程实施与评价》	李怀源	30.00
	12	《“生命语文”探索——焕发语文生命力的思考与实践》	王自成	30.00
	13	《粘连作文教学：让习作成为有个性的自我建构》	黄瑞夷	30.00
	14	《备学式教学——在体验中建构数学思维》	单广红　范雪梅	30.00
	15	《向着自主进发——自主教育的创新实施智慧》	朱亚红	30.00
	16	《写中学——让学习更有效的学科写作教学》	钟传祎	30.00
	17	《小学科学实验总动员 ——大科学课堂有效提升学生创新力》	江美华	30.00
	18	《小学语文单元整体课程实施与评价》	李怀源	30.00
	19	《小学英语单元整体课程实施与评价》	李怀源	30.00
	20	《小学数学单元整体课程实施与评价》	李怀源	30.00
	21	《让教学更能激发智慧——“思维碰撞”课堂的建构与实施》	程和方	30.00

系列	序号	书名	主编	定价
校长领导力系列	22	《校长智慧统筹的领导力》	谢耀丰　蔡丽姗 王林发	30.00
	23	《学校细节管理的执行力》	林文明　王林发	30.00
	24	《学校持续发展的研究力》	林文智　宋佳敏 王林发	30.00
	25	《学校和谐融洽的协作力》	陈一平　郭雪莹 王林发	30.00
	26	《学校教育提升的引领力》	谢文东　关敏华 王林发	30.00
	27	《学校团队成长的学习力》	黄纪　蔡美静 王林发	30.00
	28	《学校高效管理的创新力》	张旭	30.00
	29	《学校成功管理的决策力》	邱黎明	30.00
	30	《高品质学校生长要素》	王益民	30.00
	31	《校长高校教学领导力提升策略》	徐世贵　郭文刍	30.00
新思维系列	32	《让后进生学习有后劲之36计》	严育洪	30.00
	33	《教育中的“不一定”——打破教育的19种思维惯式》	严育洪	30.00
教师修炼系列	34	《与学生一起成长——90后教师的心路反思》	王　晗	30.00
	35	《教育，爱与宽容——教师心灵礼仪修炼》	许力争	30.00
教育家核心思想系列	36	《叶圣陶论写作》	叶圣陶 著 李怀源 选编	30.00
	37	《叶圣陶谈阅读》	叶圣陶 著 李怀源 选编	30.00
	38	《多元智能理论的本土化应用》	刘治富	30.00
	39	《大教育家最具施教力的教学思想》	白刚勋	30.00
教育求索系列	40	《欣说教育那“一亩三分地” ——一位一线教师的教育微思考》	王庆欣	30.00
	41	《爱的守望——一位一线教师对教育的坚守》	林卫红	30.00
	42	《思政教学的人文力量》	戴晓华	30.00
	43	《师道新说——给教育者的30条箴言》	徐　卫	30.00
学生心理解码系列	44	《在人生的春天播种——十四岁，写给青春的一封信》	白宏宽	30.00
	45	《孩子问题行为一点通 ——只有好老师才知道的学生心理谜底》	严育洪	30.00

系列	序号	书名	主编	定价
校本研修系列	46	《徜徉语文教研》	肖俊宇	35.00
	47	《校本研修资源的开发与利用》	陈朝林	30.00
	48	《校本研修与教师专业成长》	吴积军	30.00
	49	《卓越教师经典研修成长策略》	刘天宝等	30.00
	50	《特色校本课程开发范例解读》	刘永平　李秀伟 张雪梅	30.00
	51	《高效校本研修模型构建艺术》	刘素雁	30.00
	52	《走向实践的教研——中小学教育科研引领与应用》	江　敏	30.00
名校系列	53	《让每个孩子都成志 ——清华附小主题阅读课程的实施探索》	窦桂梅	30.00
	54	《让每个孩子都成志 ——清华附小主题实践课程的实施探索》	窦桂梅	35.00
	55	《向着朝阳走去——清华附小合作办学实践探索》	窦桂梅	30.00
精彩课堂系列	56	《给孩子更好的数学课堂》	易增加	30.00
	57	《小学生阅读素养的提升策略》	邵巧治	35.00
	58	《从语文素养走向生命成长 ——小学语文读写课堂教学密码》	曾海玲	30.00
	59	《真实的品德课》	朱淑秀	30.00
	60	《英语课堂学习共同体——新型的师生交互学习场》	杨延从	30.00
	61	《指导自主学习——初中数学学与教的研究与实践》	刘其武	30.00
	62	《玩出精彩的课堂 ——小学低年级教与学方式转变研究》	陶红松	30.00
	63	《让生命之花自主绽放——语文个性化教学建构策略》	商德远	30.00
	64	《让学生亲历知识——主体参与下体验式学习的实施策略》	何世祥	30.00
教育思想者系列	65	《高效教学的道与术——陶继新教育讲演录》	陶继新	30.00
	66	《名校之道——陶继新对话名校长（1）》	陶继新	30.00
	67	《教育，一切从孩子出发》	黄　俭	30.00
教育管理力系列	68	《缔造唯美教育——延奎小学素质教育实施策略》	易增加	30.00
	69	《让普通学校崛起的 20 个细节 ——“生命为本”教育团队成长密码》	李其玉	30.00
	70	《“走”出教育的精彩：走动式学校管理文化构建》	罗　军	30.00
	71	《校长兵法：学校管理四十六计》	皮大鹏	30.00
班级文化系列	72	《活力班级的文化建设》	胡　珏	30.00
	73	《做幸福的班主任》	吕　丽	26.00

系列	序号	书名	主编	定价
高效能教学系列	74	《高效能教师的10个好习惯（中学卷）》	张　瑾	30.00
	75	《让作文落地生根——提高写作实效的教学策略》	黄桂林	30.00
	76	《高效能作文教学5项修炼》	陈步华	30.00
	77	《高效能校长的10个好习惯》	张　勤	30.00
	78	《高效能教师的10个好习惯（小学卷）》	谢　英	30.00
	79	《高效能语文教学5项修炼》	王其华	30.00
新课程探索系列	80	《语文新课程的批判与重建》	葛桂斌	30.00
美国名师教学译丛	81	《美国名师游戏教学本土化应用：幼儿园》	（美）玛西娅 L. 泰特 著 胡珍　瞿菁　编译	30.00
	82	《美国名师游戏教学本土化应用：小学英语》	（美）玛西娅 L. 泰特 著 杨永华　张心影　编译	30.00
	83	《美国名师游戏教学本土化应用：小学数学》	（美）玛西娅 L. 泰特 著 谢艳红　编译	30.00
	84	《美国名师游戏教学本土化应用：小学科学》	（美）玛西娅 L. 泰特 著 刘丽萍　编译	30.00
	85	《美国名师游戏教学本土化应用：小学社会》	（美）玛西娅 L. 泰特 著 姜梅芳　编译	30.00
	86	《美国名师游戏教学本土化应用：小学音体美》	（美）玛西娅 L. 泰特 著 尹立志　编译	30.00
鲁派名师名校·教育探索者系列	87	《悦读立人——校园阅读文化体系构建策略》	杨世臣	30.00
	88	《教育智慧何处来——一位特级教师的思考手记》	付立金	30.00
	89	《和雅文化——校本课程的创新构建》	汤善香	30.00
	90	《让个性绽放精彩——学校课程体系整合与创生》	谢建伟　徐淑萍	30.00
	91	《让每个学生都幸福——最能润泽生命的学校文化建设》	谢建伟　张新喜	30.00
生态化校园系列	92	《文化管理——构建生态和谐校园的必由之路》	付全新	30.00
	93	《点燃学习的激情——构建校园生态化学习型组织》	杨树岳	30.00
	94	《课改突围——构建学校生态化教学体系》	杨树岳	30.00
教育新思考系列	95	《语文教育向何处去》	王　丛	26.00
	96	《教育，就是做好普通的事》	孙志毅	27.00
	97	《走出语文的偏见——让学生体悟文本的原义》	丛智芳	30.00
	98	《让语文教学更高效——批注式阅读教学探索》	韩中凌	30.00
	99	《读写互促——探寻学以致用的语文教学》	曹　龙	30.00
	100	《跳出数学教数学——用文化融通数学教学》	马建秀	27.00

系列	序号	书　　名	主编	定价
名师感悟系列	101	《让心灵伴着歌声成长——22位音乐名师的教育智慧》	陈　璞	30.00
	102	《超越自我的教师——32位名师的成长感悟》	李卫东　李秀伟	35.00
	103	《心灵的守护者——19位名班主任的教育智慧》	王晓松　曲文弘	30.00
	104	《名师感悟班主任有效工作艺术90例》	符礼科	30.00
	105	《名师感悟有效教学90例》	林高明　徐玉烟	30.00
信息化教学系列	106	《巧用白板教语文——信息技术与语文教学操作指南》	蒋丽清	30.00
	107	《跨越式实现高效课堂 ——信息技术与课程整合高效教学方案评析》	陈　玲　刘　禹	30.00
教师必读系列	108	《教师必学的16堂修养课》	武宏伟	30.00
	109	《教师不可不知的教学心理效应》	叶勇军	30.00
	110	《班主任不可不知的管理效应》	奚一琴	30.00
	111	《教师不可不知的教育心理效应》	孙　媛	30.00
	112	《校长不可不知的管理效应》	谢申刚　张金豹	30.00
	113	《成为好教师的7项修炼》	王福强　李维华	30.00
	114	《如何让学生会学习》	龙　冰	30.00
	115	《如何让学生爱学习》	周震宇　许小燕	30.00
核心教学主张系列	116	《新生代语文名师核心教学主张》	许友兰	30.00
行思讲坛系列	117	《灵动而朴素地教语文——潘文彬的微格教育生活》	潘文彬	30.00
	118	《师爱无疆　润泽学生心灵的教育故事》	侯忠彦	30.00
	119	《怎样反思更有效——促进教师专业发展的反思策略》	诸贝贝	30.00
	120	《成为高度自觉的教育者——写给后课标时代的数学教师》	许卫兵	30.00
	121	《哲思数学课》	刘全祥	30.00
	122	《智慧数学课——黄爱华教学思维的实践策略》	黄爱华	30.00
	123	《童趣数学课》	徐　芳	30.00
	124	《把学生教聪明》	严育洪	30.00
	125	《教师最应该规避的教育误区》	杨坤道	30.00
	126	《用语文的方式教语文——潘文彬教学主张与实践智慧》	潘文彬	30.00

系列	序号	书　　名	主编	定价
行思讲坛系列	127	《怎样让阅读教学更有效 ——提升教学能力的十种读诵模式》	汪秀梅	28.00
	128	《让生命在润泽中起舞 ——当代小学生最需要的主题班会》	吴联星　罗　琳 冯卫东	30.00
	129	《让生命欢快拔节 ——当代中学生最需要的主题班会》	冯卫东　吴联星	30.00
	130	《课堂因生成而精彩——高效教学的生成智慧》	张文质	30.00
	131	《回到每一个人的生命化教育 ——张文质二甲中学教育行动录》	张文质	30.00
中国教育变革之路丛书	132	《百年树人师何为——教师队伍建设困顿与出路》	将丽珠　李玉向	30.00
	133	《入园何时不再难——学前教育困惑与抉择》	曾晓东 范　昕　周　慧	30.00
	134	《三尺书桌何处寻——流动人口子女教育困难与破解》	范先佐	30.00
	135	《苦旅何以得纾解——高考改革困境与突破》	郑若玲	30.00
	136	《择校纠结何时了——择校问题困局与治理》	曾晓东　周文海 曾娅琴	30.00
创新教学思想系列	137	《“大问题”教学的形与神》	黄爱华　张文质	30.00
教育漫笔系列	138	《课堂，诗意地栖居》	吴书华	30.00
教学提升系列	139	《有思想地教阅读——让学生学会品读文字真意》	王学东	30.00
教育艺术提升系列	140	《藏在师生体态语言里的教学智慧》	张　宇　廖生波	30.00
教学全手册系列	141	《小学习作教学全手册》	郭家海	30.00
	142	《中学写作教学全手册》	郭家海	30.00
	143	《情境教学操作全手册》	冯卫东	35.00
	144	《合作教学操作全手册》	李春华	35.00
	145	《探究教学操作全手册》	周新桂	35.00
	146	《自主教学操作全手册》	诸葛彪	35.00

系列	序号	书　　名	主编	定价
教学全手册系列	147	《创新教学操作全手册》	王　玮	35.00
	148	《班主任工作全手册》	刘沛华	35.00
	149	《新教师工作全手册》	周震宇	35.00
	150	《学生心理健康教育全手册》	刘海莉　刘春杰	35.00
	151	《高效教学操作全手册》	马友平	35.00
创新人才培养系列	152	《创新人才培养校园科普精品课程开发与指导——人大附中创新人才培养》	罗　滨	30.00
	153	《创新人才培养特色校本课程开发与创新人才培养——清华附中"国际安全下的科学技术"课程构建与实施》	王殿军　方　研 赵宏雁	30.00
	154	《创新人才培养：学校实验室建设与管理》	刘克文 杨发丽　杨　平	30.00
	155	《创新人才培养：数学探究活动开发与指导》	马云朋　韩继伟	30.00
	156	《创新人才培养：化学研究活动开发与指导》	王　磊	30.00
	157	《创新人才培养：物理探究活动开发与指导》	廖伯琴	30.00
	158	《创新人才培养：地理探究活动开发与指导》	张建珍　陈　澄	30.00
	159	《创新人才培养：生物探究活动开发与指导》	张迎春	30.00
	160	《创新人才培养：理念探索与思维突破》	王晶莹	30.00
新生代通派名师系列	161	《简约数学教学》	许卫兵	30.00
	162	《语文教学的本真——情意课堂展现母语之美》	吴建英	30.00
	163	《语文课堂的理想追求——欢快达成三维目标》	董一红	30.00
	164	《阅读教学的真髓——意象构建读出文学的真美》	祝　禧	30.00
	165	《美术教育的真谛——审美人生教育让生命绚丽成长》	陈铁梅	30.00
	166	《语文教学的理想境界——无痕教学润泽生命》	李　凤	30.00
	167	《儿童作文的本义——嬉乐作文让儿童乐并成长着》	王笑梅	30.00
	168	《名师是怎样炼成的》	王建明　王笑君	35.00
幼师成长系列	169	《幼儿行为背后——教师如何读懂幼儿的心思》	吴亚英	30.00
	170	《最具教育力的22种幼儿教育思想》	杨　达	30.00
	171	《幼儿教师必知的安全应急措施》	杨　达	30.00
	172	《幼儿教师必备的教育技能》	李　玲	30.00
	173	《卓越园长21条幼儿园管理策略》	周　丹　江东秋	30.00